013

会社の数字を科学する

すっきりわかる財務・会計・投資

内山 力

PHP
Science
World

PHPサイエンス・ワールド新書

まえがき

なぜ身につかないんだ！

「会計、経理の本は何冊読んでもわからない！　そもそもなんでルールがこんなにややこしいんだ」

一所懸命会計、経理のことを勉強しようと思ったまじめなビジネスマンの声です。

会計という仕事をする人以外は、ややこしい〝会計のルール〟を知っても仕方がありません。しかし多くのビジネスマンは、自らの仕事に会計などの「会社の数字」に関する知識が必要なことを直感しています。そして普通に仕事をしているだけでは、それが決して身につかないことも知っています。だから、「会社の数字」に関する本はよく売れます。

しかし、多くの人はその本で勉強しても、求めている知識が身につかず、〝いらだたしさ〟だけが残ります。

私はビジネスコンサルタントです。現在の主力テーマはリーダー、マネジャー、経営者の養成です。半年～1年くらいの期間をかけ、経営戦略、アカウンティング＆ファイナンス、マーケティング、人事・組織、マネジメント、オペレーション（その会社の固有業務）といったフェーズに分けて、ケーススタディ（他企業のケースで学習）を進めていきます。

このケーススタディに入る前に、各フェーズごとに各人が本を読んで事前学習をすませておきます。知識に関するセミナーは行いません。知識は本を読めば身につくからです。

しかし例外がただ1つだけあります。それがアカウンティング＆ファイナンスです。これは「会社の数字」の中でその中核をなす「会社のカネ」に関する知識です。本を読んで学習して、知識を身につけても、ケーススタディではどうしてもその知識が使えません。だから〝カネに関する知識〟だけは、ケーススタディの前に2日間のセミナーを行います。

こうして生まれたアカウンティング＆ファイナンスセミナーは、弊社が開発したセミナーの中で最大のヒット商品となりました。

なんだこんなことだったのか

私はこのアカウンティング＆ファイナンスセミナーを開発する前に、「会社のカネ」に関する本を数十冊読みました。

どうやら一番売れているのは「決算書の読み方」というタイプの本のようです。この本で確かに決算書が読めるようになるかもしれません。しかしその〝読み方〟を自らの仕事にどう使っていけばよいのかがわかりません。

それはそもそも会計とは何か、そのアウトプットとしての決算書は何のために作っているのかがわからないからです。だから会計とは切っても切り離せない、現代のキーワードである「内部統制」もわずらわしいルールとしか考えることができません。

会計の原理・原則を知り、なぜそのようなルールにしたかを知れば、決算書は読めるのはあたり前のこと、自らの仕事に役立つ知識となります。

次に売れているのは投資の本のようです。多くのものがマネーゲームの必勝法であり「どうやったらもうかるのか」ということがテーマです。そんなにもうかる方法があるなら著者が自分でもうければと思うのですが……。

この手の本をまじめなビジネスマンの立場で読めば、「投資テクニックなんかよりも、株価のメカニズムを知りたい。株価が上場会社の成績ならそれを上げる方法を知りたい」と思うでしょう。株というマネーゲームに必勝法などあるはずもなく、仮にあったとしても一般ビジネスマンが一朝一夕《いっちょういっせき》で身につけられるはずもありません。ビジネスマンなら株を正面から見つめて、自らの仕事に役立つ〝株に関する知識〟を身につけるべきです。

3つ目のタイプの本がファイナンスに関するものです。MBAの教授が書いた難解な本や、現実離れした数学の式を使った本もありますが、銀行マンOBや金融系シンクタンクが書いた実践的なものが中心です。

その中での売れ筋は財務分析による「与信や貸付判断」(カネを貸してよいかどうか)であり、それを「逆から見る」というものです。つまり「貸すかどうか」を貸し手がどうやって判断しているのかを知ることで、うまく「カネを借りる」というロジックです。いってみれば銀行の舞台裏を書いたものです。

しかし、銀行は結局企業の倒産を読めなくて大損しています。ビジネスマンが本当に知りたいのは、あるいは知るべきだと思うのは「昔の土地バブルも、ITバブルも、サブプライムローンやリーマンショックも何だか同じゲームの結果に見える。土地、住宅、株の値段が下がると、なぜゼネコンや投資家だけでなく、全く関係のない企業までが困るんだろう。そんなことでどうして景気が悪くなるんだろう」という〝なぞ〟の答です。そしてそれが普段のビジネスにもっとも役立つことだと思います。

これらの本の問題点を解消し、ビジネスマンのニーズに応えたのが、先ほどのアカウンティング&ファイナンスセミナーです。セミナー後の受講生アンケートに書いてある意見は「会計、ファイナンス、投資ってこんなことだったのか。長年のモヤモヤが晴れてすっきりした。もっと早く知りたかった」というものが大多数です。

本書はこの2日間のセミナーを、1冊の本にまとめたものです。

学習はつらく、科学は楽しい

会社のカネの世界がわかりづらいのはテクニック論だからです。テクニックに説明は不要で、結果がすべてです。速く、正確でよい結果を生めばOKです。しかし一般ビジネスマンにカネのテクニックは不要です。一般ビジネスマンにとって必要なことはカネについて理解することです。

会社のカネを理解するためのキーワードは〝科学〟です。科学とは体系的に整理された知識であり、説明能力の高い知識です。つまり「なぜそうしたか」がわかるものです。

私が小学生の頃、学校に勧められて読んでいたものに『学習』と『科学』というタイトルの2冊の月刊誌がありました。そして私は『科学』の方がずっと好きでした。

『学習』はそのコンセプトが「知識を覚える」であり、まさしく「お勉強」です。一番の楽しみにしていた〝ふろく〟も、確か「掛け算の九九」や「歴史の年号の覚え方」のようなものだったと記憶しています。

一方『科学』の方は「なぜなんだろう」が原点であり、「覚える」のではなく考え、理解し、それをまわりに説明できるようにするというのがコンセプトです。〝ふろく〟も自分で考えるための理科の実験道具などでした。これを読んでうれしくなり、そこで理解したことを家族や友人に自慢げに説明したことを覚えています。その後私が理系に進んだのも、その『科学』という雑誌が原点だといっても過言ではありません。

「会社のカネ」を〝学習〟するのはつらく、簿記の不思議なルールを覚えるのは苦痛です。しかし「会社のカネ」も科学すれば、〝わくわくするもの〟となります。科学は原理・原則を理解し、自らのまわりで起きている社会現象を自分の目で見て考え、それをまわりに説明していくものです。だから科学は楽しいのです。いわば、本書は「科学的カネ理解法」にもとづいて会社のカネの流れを説明するものです。

さあ、あなたも本書を使って会社のカネを科学しましょう。「カネを科学する」「会社を科学する」「ファイナンスを科学する」「会計を科学する」と進めて、最後は現代ビジネスマンにとっての最大のテーマである「投資」を科学します。

目次

会社の数字を科学する
——すっきりわかる財務・会計・投資

第2章 会社を科学する

第3章 ファイナンスを科学する

第4章 会計を科学する

第5章 投資を科学する

第1章

カネを科学する

定義が科学の第一歩

会社のカネの世界は定義が極めていいかげんです。科学の第一歩は常に〝定義〟です。定義とは言葉のあいまいさを取り、他の言葉と区別できるようにすることです。これが、科学的カネ理解法の基本です。

経理、財務、会計、簿記……。これらはみな「カネに関する仕事」を表しています。これらの言葉のちがいをはっきりと説明できますか？　私はこれまで「カネに関する仕事のプロ」と呼ばれる人たちによく質問しました。「会計と経理と財務のちがいは？」誰も答えてくれず、「そんなこと知ってどうするんだ」と冷たい目で見て、一言「似たようなもんだよ」です。

カネに関する仕事のプロたちは、プロ同士のあうんの呼吸で仕事をしており、それ以外の人たちを排除する自分たちだけの世界を持っています。だからカネの世界は外部から見るとブラックボックスです。ブラックボックスをホワイトボックスにするのが科学です。まずは「カネに関する仕事」からひも解いてみましょう。

●ファイナンスとは何か

ファイナンスとはカネを集めること

どちらかといえば英語の方が〝いいかげんさ〟はまし、な方です。英語では「カネに関する仕事」を、ファイナンス（finance）とアカウンティング（accounting）の２つに分けています。しかし日本にこれが入ってくると、それがそのまま和製英語となり、かつその和訳もあって大混乱となります。

英語のfinanceは「支払い」が語源ですが、ここから転じて支払いをするために「必要なカネを調達する」という意味を持つようになりました。この意味でのファイナンスの日本語訳は財務です。

財務とは「財政の仕事」という意味です。財政はもともとは「国のカネの調達と運用」という意味です。これが一般ビジネスの世界でも使われるようになり、辞書には財務は「企業のカネの調達と運用」と書いてあります。

しかしこれは財務という仕事を的確に表現しているとはいえません。「必要なカネの量を考える」という大切な仕事が抜けています。そしてカネの運用（実際にカネを使う）は財務ではなく投資とよばれます。この投資については第5章で述べます。

科学的カネ理解法では財務を「企業として必要なカネの量を算定し、これを調達する仕事」と定義します。

ファイナンスの迷走

しかし、ややこしいことにファイナンスには「カネを融通する」という意味もあります。これは日本語では金融です。

ＡＢＣファイナンスという会社の名前を聞いて、どんな仕事をイメージしますか？「外からカネを調達する（集めてくる）会社」ではなく「カネを貸す会社」というイメージでしょう。こういう会社は金融業と表現されます。金融とは〝金融業が行う仕事〟、つまり「カネを融通する仕事」と定義されます。

一般の会社が行っているのは「カネを集めて（財務して）、これをビジネスに使ってカネを増やす」ということです。一方金融業は「カネを融通する」ことが仕事の会社です。

つまりカネは金融業から一般会社へと流れます。

最近になってファイナンスという言葉はさらに混乱しています。ＭＢＡ[*1]などで使うファイナンス理論、コーポレートファイナンスという表現です。日本語にはぴったりの訳がないのでそのまま使っています。このファイナンスでは企業価値がキーワードであり、これを高めることによって「カネを調達する」ということがテーマです。財務の世界の中のごく一部の「経営との接点」だけをクローズアップし、ここに「企業価値」という考え方を取り入れたものです。

本書ではこの「企業価値」については投資の世界と考えて第5章で詳しく解説しますが、ファイナンスをこの意味では使いません。科学的カネ理解法では「ファイナンス＝財務（一般企業のファイナンス）＋金融（金融業のファイナンス）」と定義します。そして本書は金融業の方ではなく、一般ビジネスマンを対象としていますので、ファイナンス≒財務となります。ファイナンスについては第3章で述べます。

＊1．Master of Business Administration：経営学修士。

●会計とは何か

お会計して！

一方、アカウンティングは日本語の〝会計〟とイコールですっきりしています。会計をきちんと定義すれば「カネの出入りを管理して、ある時期にその明細を特定の人に報告する仕事」となります。

会計は〝飲み屋さん〟に行って、帰りに言う「お会計して！」の会計と同じ意味です。これは「私が使ったカネを一旦ここで締めて、メニューに書いてあるルールで計算し、その結果を私に報告してくれ」という意味です。したがって会計という仕事には会計報告先、会計期間、会計方法という3つの要素があり、その結果として会計報告書というアウトプットが出ます。

会計という仕事は2つに分けることができます。1つは定義の前半にある「カネの出入りを管理して」という部分の仕事であり、簿記とよばれます。「カネに関するデータ」を発生するたびに記録しておくことです。飲み屋さんでいえば「注文のたびに伝票につける」ということです。

もう1つは「ある時期にその明細を特定の人に報告する」という後半の部分の仕事です。この〝時期〟のことを「締め」といい、締めになって計算することを決算、その報告書を決算書といいます。会社ではこの〝締めの時期〟を1～12月のいずれかの月末に設定することができます。この月を決算月、この月末の日を決算日といいます。日本でもっとも多い決算月は、国の決算月と合わせた3月です。

会計の報告先でルールを決める

会計では誰に報告するかがもっとも大切です。会計報告先（飲み屋でいえば常連客、会社のカネで飲む客……）によって、会計期間（1回ごとに払うのか、ツケにして月に1回払うのか……）や会計方法（定価で現金払い、どんなに飲んでも定額……）、会計報告書（レシート、請求書……）が決まります。

会社の会計はMUST（法律で「やりなさい」と決められている会計。制度会計ともいうがあまりこの言葉は使わない）とWANT（会社が自らの意思で行う会計）に分かれます。

MUSTは報告先によって税務会計と財務会計に分かれます。このように××会計といった場合、××は報告先を指すと思えばまちがいありません。

税務会計は税務署が報告先であり、税法でその会計方法が定められています。

財務会計は「財務してくれたヒト」つまり「カネを出してくれたヒト」に対する会計です。後で詳しく述べますが、「会社へカネを出してくれたヒト」を株主といいます。株主への会計は、会社法でその方法が定められています。株主へは決算書以外にもいくつかのレポートをあわせて報告します。決算書を含めた株主への報告書は財務諸表とよばれます。

さらに会社が上場すると財務会計の報告先が1つ増えます。それは上場した先の証券市場です。証券市場への会計報告は金融商品取引法に定められています。この報告書では財務諸表以外にもさまざまなものを求めており、有価証券報告書とよばれます。

税務会計についてはその意味をこの後すぐに述べ、以降は財務会計を理解するために随所で解説するようにします。本書の本命は財務会計であり、第4章で詳しく述べます。

一方WANTの代表は管理会計です。これはmanagement accountingの訳でマネジメントへの報告です。ここでのマネジメントは幅広い意味で使われており、会社の経営者、管理職、マネジャーなどを指します。これについても第4章で述べます。ただし従来管理会計の範ちゅうにあった財務分析、キャッシュフローは、投資の一分野ととらえ第5章で述べます。

「カネの仕事」の定義の最後は経理です。もっともファジーに使われており、辞書さえもその記述がまちまちです。もっとも幅広い定義は「財産やカネの管理および会計、給与などのカネに関する事務」です。科学的カネ理解法では経理を「会計、財務を含め、会社のカネに関するすべての仕事」と定義します。

税金のお会計

ここで会社のカネの中で異色の存在といえる税金についても科学してみましょう。税金は決められた時期に一旦締めて、自分でカネを計算し、その結果を報告してから納税するのが原則です。つまり納税者には会計という仕事が求められます。

税金は大きく3つに分かれます。1つはもうけ（税法では所得という）にかかる税金です。これは個人を対象とするものの他に、会社などの法人（48〜49ページ参照）を対象とするものがあります。具体的には法人税（国税、報告先は税務署）、法人住民税、法人事業税（ともに地方税、報告先は地方自治体）です。この中の法人税が税務会計の中心です。

2つ目は財産にかかる税金です。会社としては固定資産税などがありますが、1つ目の「もうけの会計」に比べれば簡単で、会計とよぶほどの仕事はありません。

3つ目は消費に関する税金です。その中でもっとも基本的なものが、いわゆる消費税です。最終的な消費税の納税者（「税を払うヒト」）は、消費者などのその商品を使用（消費）するヒトであり、販売した企業ではありません。

しかし消費者が自ら消費税を計算し（つまり税務会計し）納めるのは大変なので、消費税は間接税（「税を払った人」と「税を納める人」が違うもの）という方式を取ります。

商品を売買した時に、買い手が売り手（多くの場合企業）へ消費税を含めて支払い、売り手がそれを一旦預り、一定の時期に税務署へ納付します。企業から見ると消費税というカネを〝会計〟して納めることになります。

消費税を企業が納税する時、自らが支払った消費税は差し引いて計算します。商品がメーカー、卸、小売、消費者へ流れる場合で考えてみると、左図のようになります。

このように企業は決算時に「預り消費税－支払消費税」という税務会計をして、税務署に報告する必要があります。

以降本書では税務会計といえば、その中心である法人税の会計を指すこととします。

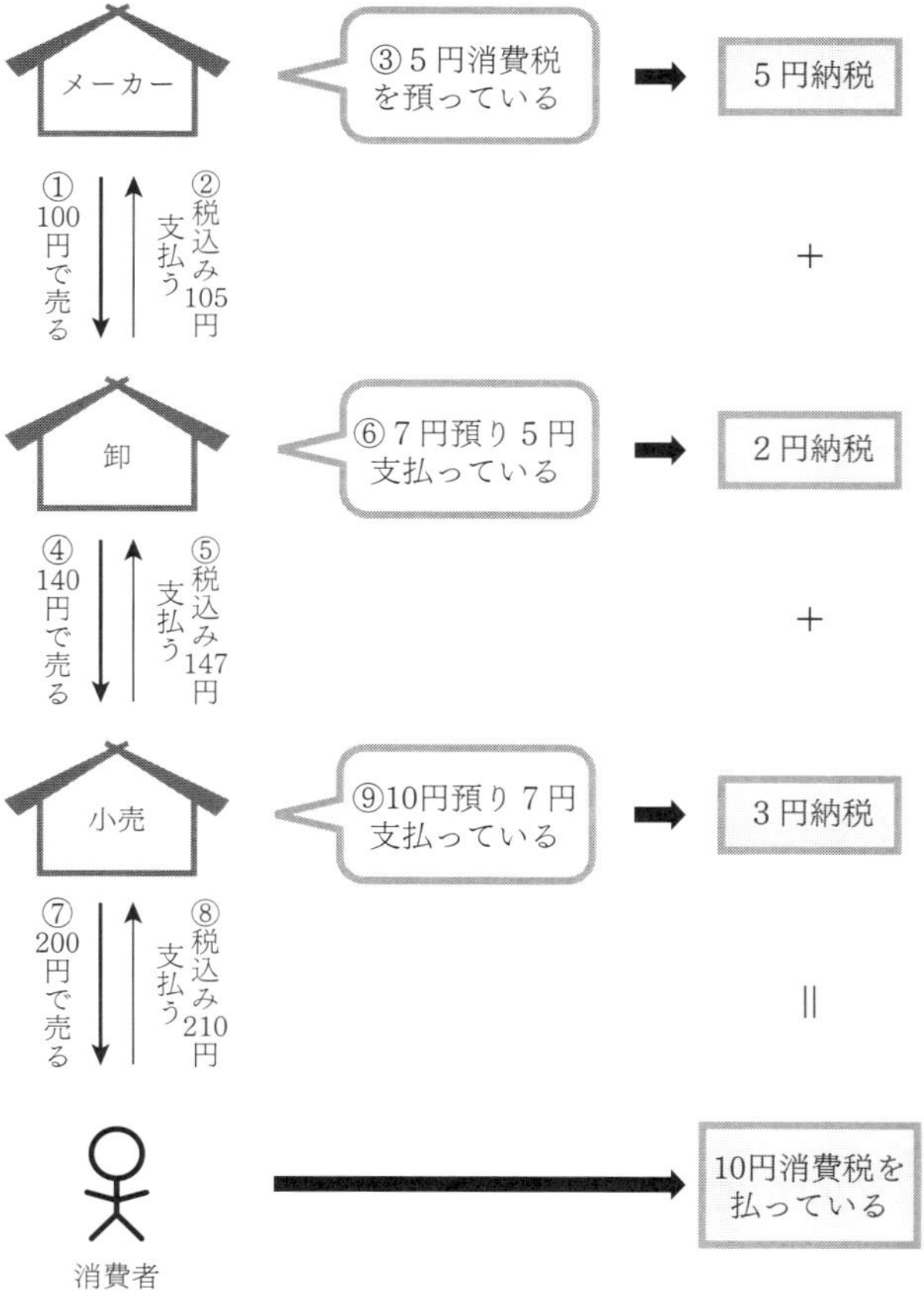
メーカー
③５円消費税を預っている
５円納税
①100円で売る
②税込み105円支払う
＋
卸
⑥７円預り５円支払っている
２円納税
④140円で売る
⑤税込み147円支払う
＋
小売
⑨10円預り７円支払っている
３円納税
⑦200円で売る
⑧税込み210円支払う
||
消費者
10円消費税を払っている

●B／S、P／Lとは何か

3つのB／S、P／L

次は会計報告書について考えてみます。会社の会計はそのルール（税法、会社法、金融商品取引法）によって異なり、報告書も異なるものとなります。ただしこれらの会計に共通している報告書のスタイル（様式）が2つあります。

・**貸借対照表**……ある時期に会社が持っている財産の一覧表を書いた報告書です。ここには財産目録だけでなく、その財産をどういうカネで買ったか（ファイナンスの方法。借金か自分のカネか……）もあわせて書いておきます。英語ではBalance Sheetであり、以降はこれをB／Sと略すことにします。バランスシートを直訳すると対照表であり、貸借には何の意味もありません。したがって本書では以降貸借対照表という誤解を招く表現は使いません。

・**損益計算書**……「収入－支出＝もうけ」という形で、一定期間の〝もうけ〟を計算する報告書です。英語ではProfit & Loss Statementであり、以降B／Sと対応させてP／Lと略して表現します。

B／S、P／Lとも「財産目録」、「もうけの明細」という〝報告書のスタイル〟をいっているだけです。税法（法人税）によるB／S、P／L、会社法によるB／S、P／L、金融商品取引法によるB／S、P／Lという形で、同じ会社でもルールの違う、つまり書いてある数字の違うB／S、P／Lがあります。例えば会社法の会計には接待交際費という支出がありますが、税法の会計では大会社（資本金が1億円を超える会社）の接待交際費は支出として認められていません。したがって税法上のP／L（もうけ）と会社法上のP／L（もうけ）は異なる数字となります。不思議に思うかもしれませんが、もうけは単なる計算値です。これがわかれば利益（もうけ）の意味がよくわかります。もちろん本書を最後まで読めばパーフェクトにわかります。

税法はもうけが大きくなるルール

もう少しB／S、P／Lを通して税務会計を考えてみましょう。

あなたが今勤めている会社を辞め、魚屋を始めたとします。この時あなたは税務署に開業届を出す必要があります。それは魚屋をやることで「もうけ」が発生し、この「もうけ」に課される税金を納めなくてはならないからです。この税金は「収入－支出＝もうけ」という形で「もうけ」を出した人が自ら計算し（会計し）、これを税務署に報告し、そのうえで税金を払わなければなりません。つまりＰ／Ｌという会計報告書を作らなくてはなりません。これを申告といいます。Ｐ／Ｌの原点は税金です。

人間は弱い生き物であり、少しでも税金を安くしたい、つまりもうけを小さく計算したいと思うのが人情です。「収入－支出＝もうけ」であり、支出を大きく計算すればもうけは小さく計算できます。だからどうしても支出を大きく計算したくなりますが、魚屋でいえば、申告のための支出は「魚を売る」という仕事をするために使ったカネだけが認められます。「魚を洗う水道代」を支出に入れても、「魚屋の店主の自宅の風呂の水道代」を入れるのは問題があります。「店主の清潔が魚屋の第一だ」といっても、これはやりすぎです。この風呂代を入れておいて、後で税務署が調査し（税務調査という）、指摘されて風呂代をはずして再度申告し直すことを修正申告といいます。この時よく「税務署と意見が合わなかった」といいます。

支出という言葉を使うとどうしても幅広くとらえてしまうので、支出のうち「特に仕事に使うカネだけを税法では認める」という意味で、税務会計ではこれを損金といいます。

これに対し収入は益金、もうけは所得とよばれます。

したがって「益金－損金＝所得」で計算し、この所得に税率をかけて税金を求めるのが税務会計です。

税法では支出のすべてではなく、損金に限定するなどして、できるだけ「もうけ」（所得）が大きくなるように細かくルール化しています。それは人間に「もうけ」を小さくしたいという気持ちが働くからです。

きちんと申告しています

このようにP／Lだけを使った申告を白色申告（申告用紙が白い）といいます。企業の申告にはもう1つ青色申告（申告用紙が青い）というやり方があります。青色申告はP／LだけではなくB／Sという財産目録を付ける会計方法で、これで税金は安く（！）なります。なぜB／Sを付けると税金は安くなるのでしょうか？

収入（益金）－支出（損金）＝もうけ（所得）です。税金を小さくするためにもうけを小さくするには「税務署との意見の違い」だけでなく、インチキをして収入を減らしたり、支出を増やすことも考えられます。例えば魚屋でさんまを1匹200円で売ったのに（収入）、これを隠してしまうことです。申告は自分で計算するものであり、これを隠しても誰にもわからないかもしれません。しかしこの200円という収入を隠すと、金庫にある現金が200円多くなってしまいます。このインチキを繰り返していくと、「もうけ」のわりにB／Sに書いてある財産が大きくなりすぎて、つじつまが合わなくなってしまいます。B／Sがなければわからないのですが、青色申告ではこれが一目瞭然《いちもくりょうぜん》です。そこでB／Sの財産から200円減らし、かつ200円を会社の金庫から出して、どこかに隠さなくてはならなくなります。

200円ならまだいいのですが、これが1億円、2億円となってくると、隠すのも一苦労です。銀行に預けても、口座に名前が付いているので隠したことにはなりません（銀行には仮名口座は作れません）。たまに大金の落し物があって、落とし主が出てこないことがありますが、落としたことを忘れてしまったのではありません。1万円札で大変な量であり、忘れるはずはありません。「私のものです」といえないのでしょう。そこでこれを「金の延べ棒」にして隠したりします。ここまでやれば計画的で悪質な犯罪（脱税）です。

青色申告でB／Sを付けるというのは、このような不正、そして過失（まちがえても「もうけ」と財産が合わないので発見できる）を防止する役割を果たします。つまり青色申告は「私はきちんと税務会計をやっています」という証であり、そのため税金を安くしています。

会社法はもうけが小さくなるルール

魚屋ももうけが出てくると会社というスタイルを取ります。これを「法人成り」といいます。しかし会社法ではこのような会社はイレギュラーなものであり（実はこのスタイルが数としては圧倒的に多いのですが）、次のようなタイプの会社を想定しています。

それは「カネがあり、魚屋をやるともうかると思うが、魚屋ができない人」が「魚屋をやりたくても〝やるカネ〟がない人」にカネを出して、魚屋というビジネスを行うというものです。後で述べるように前者のスポンサーは株主、後者は経営者とよばれます。

経営者は株主が出したカネで魚屋をやり、その結果を株主に報告しなくてはなりません。その時やはり「どれくらいもうかったか」というＰ／Ｌ（もちろん株主は「もうけ」の分け前をもらうので）と、「魚屋というビジネスを行い、出したカネがどれくらいの財産に増えているか」という財産目録としてのＢ／Ｓを使うのが Good です。

この経営者には、税務会計を作った魚屋の店主とは反対の気持が生まれます。それは

「スポンサーにもうけを大きく報告したい。財産がたくさんある報告書にしたい。そうしないとクビになってしまう」というものです。そして魚屋店主と同様に経営者は自分で会計を行います。そのため会社法の会計では税法とは逆に「もうけを小さくする」ようにルール化しています。これを156〜157ページで述べる会社法の会計ルールである企業会計原則では、保守主義の原則、または安全性の原則といいます。利益は「安全側（少なめ）に計算する」ということです。

例えば、先ほど述べたように税法では接待交際費を認めず（もうけは大きくなる）、会社法では認める（もうけは小さくなる）といったものです。

そこで税法とは異なり、会社法のP／Lでは収入を〝収益〟、支出を〝費用〟、もうけを〝利益〟と表現しています。ルールが違うのだから当然のこととして「収益、費用、利益」は、「益金、損金、所得」とは違う数字となります。

財務会計のルールである金融商品取引法も、経営者は投資家に「もうけを大きく見せたい」という心理が働くので、「もうけを小さくする」方向にルールづけされています。さらに株主と経営者は近い関係ですが（株主が数字をチェックしやすい）、投資家と経営者は遠い関係なので、会社法よりも金融商品取引法の会計の方がより厳しく「もうけを小さくする」ルールとしています。

●資金、資本とは何か

ここまで「会社のカネの仕事」について述べてきました。最後に「会社のカネそのもの」について定義しておきましょう。資金、資本、資産……といった用語で、こちらも皆が勝手気ままに使っています。

資金、資本は辞書にはともに「元となるカネ」と書いてあります。しかし会社のカネの世界では微妙に使い分けています（使い分けていない人もいます）。科学的カネ理解法ではすっきりと次のように定義します。

- **資金**（fund）……会社にとってビジネスのため必要となるカネで、会社の外にあってまだ手に入れていない状態のカネ。
- **資本**（capital）……資金をファイナンス（財務）によって会社内部に調達した状態のカネ。

カネは買うモノを決めてから調達するのが原則です。皆さんもとりあえず借金してから買うモノを決めるのではなく、買うモノ（特に価格が高いモノ。マンション、自動車……）を決めてから、カネを調達（住宅ローン……）するはずです。会社でもファイナンスという仕事によって買うモノが決まり、そのために資金を調達し（これで資本となる）、その資本で予定したモノを買います。こうして資本で買ったモノを資産（asset）といいます。

この資本が資産になることを投資（investment）といいます。「資本（元々は資金）を投げる」という意味です。

会社は何のために資産を買うかといえば、カネを増やすためです。この「カネを増やす活動」を〝営業〟（business＝ビジネス、事業ともいう）、「増やしたカネ」をキャッシュフローといいます。キャッシュフローとはカネの流れを指すのでなく、資金→資本→資産→営業というフローによって〝生まれたカネ〟という意味です。

こうして生まれたキャッシュフローは、再度資本という〝カネ〟として資産に投資されます。これを回転（turnover）といいます。投資した資本に対してどれくらい戻ってくるかを資本回転率、資金から見ると（資金に対してどれくらい戻ってくるか）資金回転率、資産に対して見ると資産回転率といいます。

魚屋で1匹80円のいわしを1000匹買いたいとします。このためには8万円の資金が

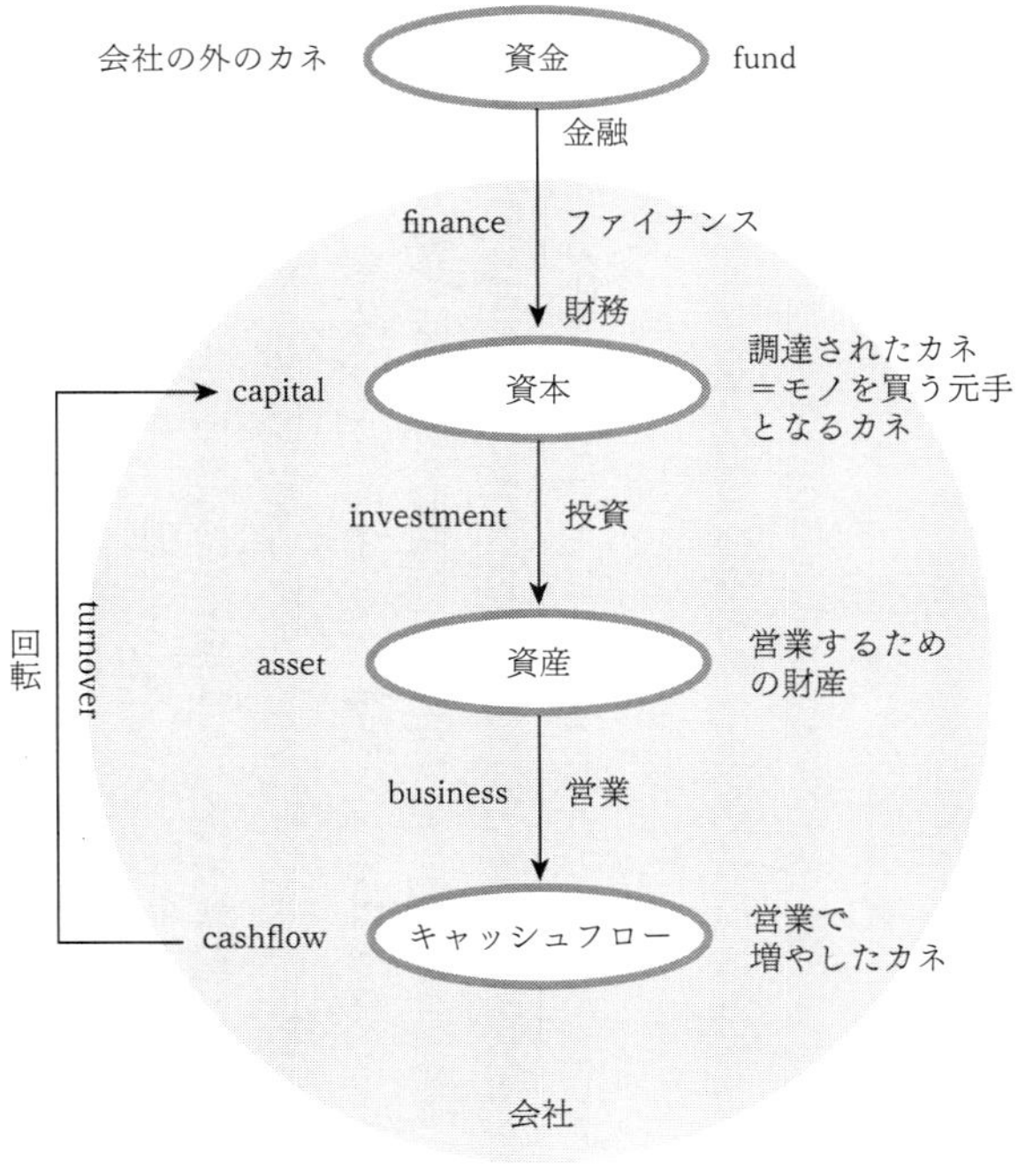

会社の外のカネ
資金
fund
金融
finance
ファイナンス
財務
capital
資本
調達されたカネ
＝モノを買う元手
となるカネ
investment
投資
回転
turnover
asset
資産
営業するため
の財産
business
営業
cashflow
キャッシュフロー
営業で
増やしたカネ
会社

必要です。これを借金で調達すると（財務）、この8万円が資本となります。一方貸す方から見れば魚屋にカネを融通しているので金融です。魚屋はこの資本8万円をいわし1000匹に投資します。このいわし1000匹が資産です。

いわしは何のために買ったかといえば無論食べるためではなく、「売る」という「営業」をしてカネ（8万円が資本）を増やすためです。1匹100円で1000匹売れれば、借金を返しても2万円カネが増えます。この2万円がキャッシュフローです。この2万円を資本としていわしをまた買えば回転です。

これを整理してみると前頁の図のようになります。

↓は仕事、だ円はカネの状態を表しています。このカネの動きを一定期間ごとに報告するのが会計という仕事です。

Coffee Break1

「ドキュメント税務調査」

私は会社を設立して5年後にオフィスを移転しました。それから3年後、1本の電話がオフィスに入ってきました。私の会社では税理士に頼まず、事務所のスタッフと私で申告をしていました。気が動転してあまりよく覚えていませんが、確か次のような会話だったと思います。

「MCシステム研究所さんですか？　こちらは××税務署ですが、社長さんいらっしゃいますか」

「はい、私です」

「そちらへお伺いしたいのですが？」

「あの、どんなご用件ですか？」

「税務調査です」

ドキッとしました。

「何を調査するんですか？」

「おじゃましてから説明します」

「いつ頃いらっしゃるんですか？」

「社長さんのお時間が取れる時で結構です」

「私は明日でも構いませんが」

「今週と来週の前半は仕事が入っているので、来週の後半のご都合はいかがですか？」

「それでは来週の木曜日で……」

私の父親は小さな会社をずっとやっていたので、すぐに電話しました。

「税務署が来るって言ってきた」

「そうか、お前の会社もやっと一人前だな。うちなんか何度も来た。いい勉強だ。そうか税理士に頼んでないのか。どちらでも同じだ。申告の意思決定は社長なんだから。まあ何か〝おみやげ〟持っていくだろうけど、正直にすべてのことを話せば問題ない。俺も最初の時はドキドキして税理士に前もって相談したけど、要するに過去のことを聞くだけだ。社長としてしっかり対応しろ。世の中を見る目が変わるかもしれんぞ」

当日……。

「この毎年の海外視察費の額が大きいのですが、誰がどのような形で行ったのですか？」

（何だ、海外出張か）

「これは私が海外視察セミナーに参加したもので、これがその日程と報告書です。あっ、これは視察結果を本にして出版したものです」

「この日程表をコピーさせてもらっていいですか」

（何だクリアしたぞ）

「消耗品のこれですが、額が大きいですが、これは何ですか？」
（ドキッ）
「××でこれが領収書です」

「うーん、これは社長さんが個人で購入すべきものではないですか」

「私の仕事に使っているものですが……」

（意見が合わないけど、しかたないな）

私の会社は10月決算です。

「12月に大きな入金がありますが、これはどういう仕事ですか？」

「これが契約書です。4月から12月のコンサルティング料です」

「外注はお使いですか？」

「はい」

「外注費はいつ払われていますか？」

「外注の仕事は9月に終わり、9月に払っています」

「外注費はいつ計上されていますか？」

「9月です」

「それは認められません」

この時の「外注費否認」という文字は私の目に今でも焼きついています。「費用は収益と同時に発生させる」そうです。費用収益対応の原則（175〜177ページ参照）です。何だ私が教えていることじゃないか……。

私は数多くの「カネに関する仕事のプロ」に会いました。大学教授、公認会計士、税理士、会社の経理部の人……。残念ながらこの人たちから教わることは何もありませんでした。でもこの税務署の方には色々なことを教わりました。「彼らは本当の会計のプロだ」と実感しています。私が経理セミナーで食っていけるのも、こんな本が書けるのも税務署のおかげと心から感謝しています（本心です）。

第2章

会社を科学する

●会社とは何か

カネの科学の次は「会社を科学する」です。

カネ同様に会社の定義からいきましょう。会社、法人、企業……ここでも言葉は混乱しています。

まずは企業からです。企業とは「特定の目的を持って、計画的かつ継続的に営業する組織」と定義されます。魚釣りをやって魚がたくさん釣れたので売った、というだけでは、継続的ではないので企業とはいえません。魚釣りのプロになって資金を集めて資本とし、資産（プロの釣りざお）を買い、これを商売（＝営業）にしていけば企業です。

企業は個人と法人に分かれます。個人企業とはその個人の名前で営業を行うものです。もちろん個人企業でも従業員を雇って営業を行うことはできます。したがって個人企業のメンバーは〝雇い主である個人〟と従業員になります。この〝雇い主である個人〟のことを個人事業主[*1]といいます。

一方、法人企業（略して法人）とは何らかの法律の下《もと》で、人間と同様に名前を持ち、「やらなくてはならないこと、やってはいけないこと」が定められた企業をいいます。法律上ではあたかも人間同様にその名前で仕事ができるので、法人（法律で定めた人）といいます。

問題はこれから先です。法人はさまざまな法律で作られ、その法律によって個別に定義しているので（しかも度々変わるので）ややこしいのですが、思い切って科学的カネ理解法ですっきりと区分していきましょう。

法人は集団ですので「何をその集団のもと」としているか、いい方を変えれば法律で「何を規定しているか」によって次の3つに分かれます。

・**社団法人**……特定の目的で集まった人（社員という。ここでいう社員は従業員ではなく会社を設立するためのメンバー）と「彼らが行う仕事」を法律で定めているもの。ヒトが集団のもと。

・**財団法人**……特定の目的で集められた財産の「使い方」（カネの使い道）を法律で定めているもの。カネが集団のもと。

・**その他の法人**……上記以外。

社団法人は営利法人と非営利法人に分かれます。ここでいう営利とは「もうけが目的」

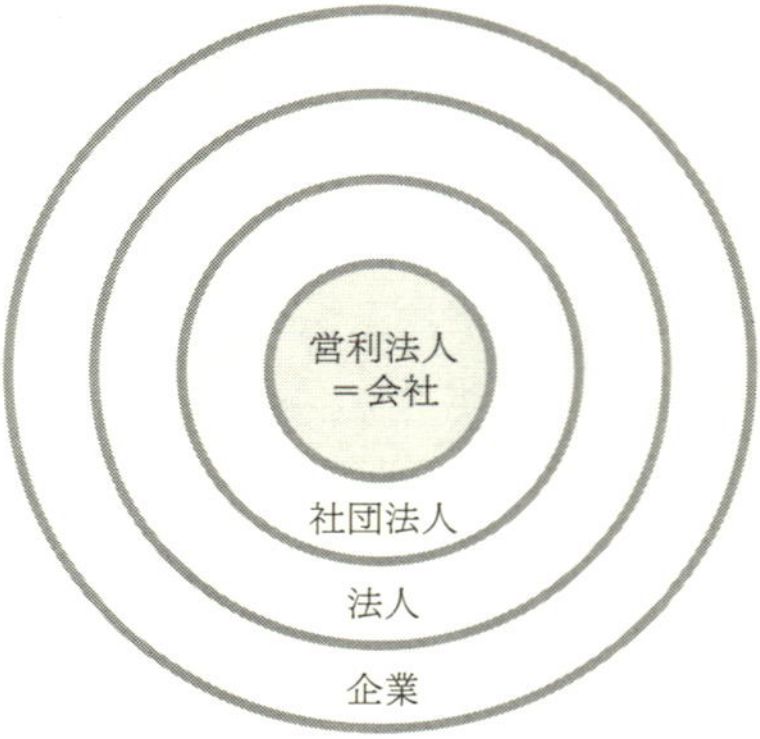

ということだけではなく、「そのもうけをメンバー（社員）に分配する」ということが定義です。もうけを分配するのが営利法人、しないのは非営利法人です。

営利法人の社団法人を会社といいます（上図参照）。これでやっと会社が定義されました。会社のことを定めている法律が会社法です。会社は営業を継続して行う企業であり、会社法で法人として認められた営利の社団法人です。

科学的カネ理解法では企業と会社を使い分けます。「企業は」とあれば会社を含めた企業全体、「会社は」とあればそのうちの会社についてのみ述べていると思って下さい。

＊1．個人事業者、自営業ともいう。

会社以外にも法人はある

ついでに会社以外の法人についても整理しておきましょう。

一般には非営利法人（もうけを分配しない）の社団法人を単に「社団法人」といい、「営利法人の社団法人」は会社といいます。

財団法人は誰かから寄付された財産で仕事をしているもので、日本相撲協会など数多くのものがあります。

ややこしいのですが、2008年に公益法人制度改革としてルールが改定されました。「非営利の社団法人」と財団法人を、公益法人と一般法人の2つに分けることにしました。公益法人（公益社団法人、公益財団法人）とは「社会の利益のために仕事をしている」と〝おかみ〟から認定された法人で、税金での優遇措置（税金が安い）が受けられます。それ以外が一般法人（一般社団法人、一般財団法人）です。

3つ目の〝その他の法人〟は個別の法律でその仕事のやり方などが決められているものです。学校法人、宗教法人、NPO法人[*1]、特殊法人[*2]、独立行政法人[*3]などがあります。広い意味でいえば役所そのものも法人であり、公法人といいます。

かつて大騒ぎしていた郵政民営化とは、公法人だった郵便局を、郵政公社という特殊法人に変え、営利法人の会社に変えようとしたものです。

＊1．Non-Profit Organization：NPO法で認められたボランティアや市民活動のための法人。
＊2．国が特別の法律によって作るもの。NHKなど。
＊3．政府の仕事の一部を独立して行う法人。

カネを出し合ってもうけを分けるのが会社

あなたが脱サラして夫婦2人で魚屋を始めた場合で考えてみましょう。魚屋の名前（屋号という）を内山鮮魚としました。この時、内山鮮魚は「個人企業」です。内山鮮魚は法律に則って作ったものではないので、法人にはなりません。「借金する」、「銀行に口座を作る」など法律上の行為はすべて夫婦どちらかの名前でするしかありません。従業員を何人雇おうと同じです。税法では夫婦のどちらか1人が個人事業主となります。

また個人企業のままですと、「カネを出し合って仕事をする」ということもできません。これを実現するのが社団法人であり、会社です。会社へ「カネを出すこと」を出資といいます。この出資によって会社は誕生します。

「出資する」というのは「カネを貸す」のとは違い、出資を受けた方（会社）が事業を続けている間、出資者は「返せ」ということができません。法律ではこの出資者を社員といいます。法律でいう社員は会社という社団法人のメンバーという意味であり、カネを出した人だけが社員です。カネを出さないで仕事をする人は、法律上は従業員、使用人（今はあまり使わない言葉です）といいます。

出資者である社員は、会社が事業を行うことで生み出される「もうけの分け前」をもらうことができます（これが営利法人の定義にある〝もうけの分配〟）。もうけは「収入（収益）－支出（費用）＝もうけ（利益）」という式で計算されるので、営利法人である会社にはP／Lが必要となります。従業員は分け前をもらうのではなく、先ほどの式の支出（費用）に入る〝給与〟を得ることになります。

会社にもいろいろなタイプがある

会社は自らの名前（社名を法律では商号という）でさまざまなことができるようになりますが、もっとも大きいのは「借金」です。会社は自らの名で借金できます。

会社がした借金に対して保証人[*1]となる出資者を無限責任社員、保証人とならない出資者を有限責任社員といいます。

これによって会社を次の3つに分けます。

・**合名会社**……社員は全員が無限責任社員。
・**合資会社**……社員には無限責任社員と有限責任社員の2通りがいる。
・**株式会社**……社員は全員が有限責任社員。この有限責任社員を株主という。

会社の代表選手は株式会社です。やっとこれで株式会社が定義できました。従来の法律ではもう1つ有限会社[*2]（全員有限責任社員）という株式会社のミニチュア版を認めていました。2006年に生まれた会社法[*3]では株式会社の1つのパターンとして定義され、有限会社という名前で会社を新たに作ることができなくなりました。

会社法では有限会社に代わって合同会社という特別な会社を認めています。これはアメリカで普及しているLLC（Limited Liability Company）を参考にして作ったものです。株式会社同様に出資者は有限責任社員だけですが、株式会社のように後で述べる細かいルールを法律で定めず、自由に事業を進められるものです。何人かがカネを出し合って共同事業を展開していくような形をイメージしています。起業を促し、日本経済を活性化させようということが目的のようです。

会社法以外の法律が適用される会社もあります。保険業法による相互会社[*4]や特別法による特殊会社[*5]といったものです。
以降本書では会社といえば株式会社を指すこととします。

＊1．125〜126ページ参照。会社が借金を返せない時はこの人が返す。
＊2．有限会社法という特別法で定められた会社。中小企業向けに株式会社を簡易的に作ることができるようにしたもの。すでに作られた有限会社は「有限会社」という名前を使えるし、株式会社に変えることもできる。
＊3．それまでは商法の一部と有限会社法で会社について規定していた。
＊4．社員は保険加入者であり、相互の出資で保険を行う会社。保険会社の多くがこのスタイルだが、近年一部は株式会社へ変わっている。
＊5．NTTやJR各社などで、それぞれ特別法によって作られている。

●会社はどのようなシステムになっているのか

定義の次は、会社を科学的にシステムとして考えていきましょう。
システムは「複数の〝要素〟から成り、共通の〝ベクトル〟を持つ組織体」と定義されます。

会社の〝要素〟はステークホルダー[*1]とよばれる人たちで、出資者、経営者、従業員、社会（会社のもうけによって税金を受け取る）だけでなく、会社自身もこれにあたります。

会社の〝ベクトル〟にもさまざまなものがありますが、その基本は定款《ていかん》です。定款は設立する時にその会社の発起人（設立時の出資者）が作ります。定款はいってみれば憲法のようなもので、会社のステークホルダー間での約束事であり、会社が守るべき基本的ルールです。

定款の絶対的記載事項（書かなければならない項目）には商号、事業目的（どんなビジネスをするのか）、本店所在地（本社ではなくこう表現する）、設立時に出資するカネ、発行できる株の総数（授権資本または授権株式という。後で述べる）などがあります。この他に書かれる項目は相対的記載事項（書かなくても定款は成立するが、書いておかないと法的効力が認められないもの）、任意記載事項（書くことができる項目）の2つに分けることができます。定款は公証人[*2]に認証を受ける必要があります。

＊1．会社の利害関係者。207・209ページ参照。

＊2．法務局にいる公務員。

会社のルールがわからない

「中村部長が今度の人事で取締役になるらしいよ」
「そうなんだ。出世が早いなあ。でも誰が決めたんだ。社長か？」

多くのビジネスマンは会社に勤めながら「会社のしくみ」を理解していません。「会社のカネ」を理解できない最大の理由は、実はここにあるのかもしれません。会社がわからないのに「会社のカネ」なんてわかるはずもありません。

会社のしくみが理解できない理由は、これまでの日本の会社が、必ずしも法律どおりに運営されていないからです。日本企業がグローバル化していく中で、このことを外国から指摘されて、日本全体として2つの努力がなされています。

1つは会社の実体を法律に合わせていく努力であり、コンプライアンス（法律を守ること）とよばれます。

もう1つは法律を日本の会社の実体に合わせて変えていくことです。会社法以前（商法）は会社を1つのルールで決めていました。しかしこれでは2人で作った会社も、何万人という巨大会社も同じルールになってしまい、実体とルールがかけ離れてしまいます。会社法ではこれら株式会社をさまざまなタイプに分けて定義し、タイプごとにその実体に合わせてルールを一部変えました。

しかしこれではややこしいので、本書ではまず基本的な株式会社のルールについて説明し、会社のカネの流れを理解していくこととします。そのうえで必要に応じて、タイプごとに決められた細かいルールも一部解説します。

会社がP／L、B／Sを作るワケ

出資者がカネ（資金）を出すと会社が誕生します。この出されたカネを資本金（資金が使える状態になって資本となる）といいます。会社ができた後で資本金が増える（出資者がカネを出す）ことを増資といいます。この資本金は資産などを購入するために使ってしまいます。いわゆる〝元手〟であり、借金ではないので会社が存在している限り返さなくてよいカネです。

あなたが魚屋を始める時、親が「500万円出してあげる」というのと同じです。この500万円（資本金）は、使わずに残して貯金でもしていたら親が怒ってしまいます。資本金は魚屋の店となり、冷蔵庫となり、カンバンとなり……と資産へ変わっていきます。

ここでその出資者が何の見返りも期待しないと、出資ではなく寄付といいます。このタイプが財団法人です。

出資者は出資した見返りにさまざまな〝権利〟を得ることができます。

最大の権利は「会社がビジネスをやって、もうかったらその分配を受ける」というものです。これを配当といいます。これは50ページの「もうけの分配」であり、会社の原点ともいえます。

配当は「もうかったらもらえるカネ」なので（もうけがないのに配当することを〝タコ足配当〟といい、禁止されています）、もうけを計算しなくてはなりません。「収益−費用＝利益（もうけ）」です。これが会社におけるP／Lの原点です。P／Lは配当の限度額を計算するものです。

一方B／Sは「出資者が自分の出したカネが何に使われているかを知るために、会社が資本で買った財産の一覧表を見せろ」という意味を持っています。

会社は「多くの人がカネを出し合って作る」というスタイルをイメージしています。配当は出資した金額に比例してなされるべきで、「出資１口当たり」という考え方が必要です。この「1口あたりの権利」を株式または株といいます。この2つはほとんど同じ意味で使っていますが、本書は〝株〟で統一します。また株の権利を持っていることを証明する〝紙〟を株券といいますが、[*1]本書ではこの株券も含めて株と表現します。

出資者は株を持っているので株主、株主が集まって何かを決める所を株主総会といいます。

＊1．現在では上場企業（65ページ参照）の株券はペーパーレスとなっている。

コーポレートガバナンスって何？

株の2つ目の権利は経営者の選定です。株主が1口＝1株＝1票で投票して、経営者を選びます。株主が持っている経営者を選ぶ権利や、そのしくみのことをコーポレートガバナンスといいます。コーポレートガバナンスのうちの〝権利〟については「経営権」という表現もとられます。

選ばれた経営者を法律上は「取締役」といい、この人以外に会社には経営者はいません。取締役とはよく考えてみると不思議な言葉です。誰を取り締まるんでしょうか？「取締役＝経営者」と知っていましたか？

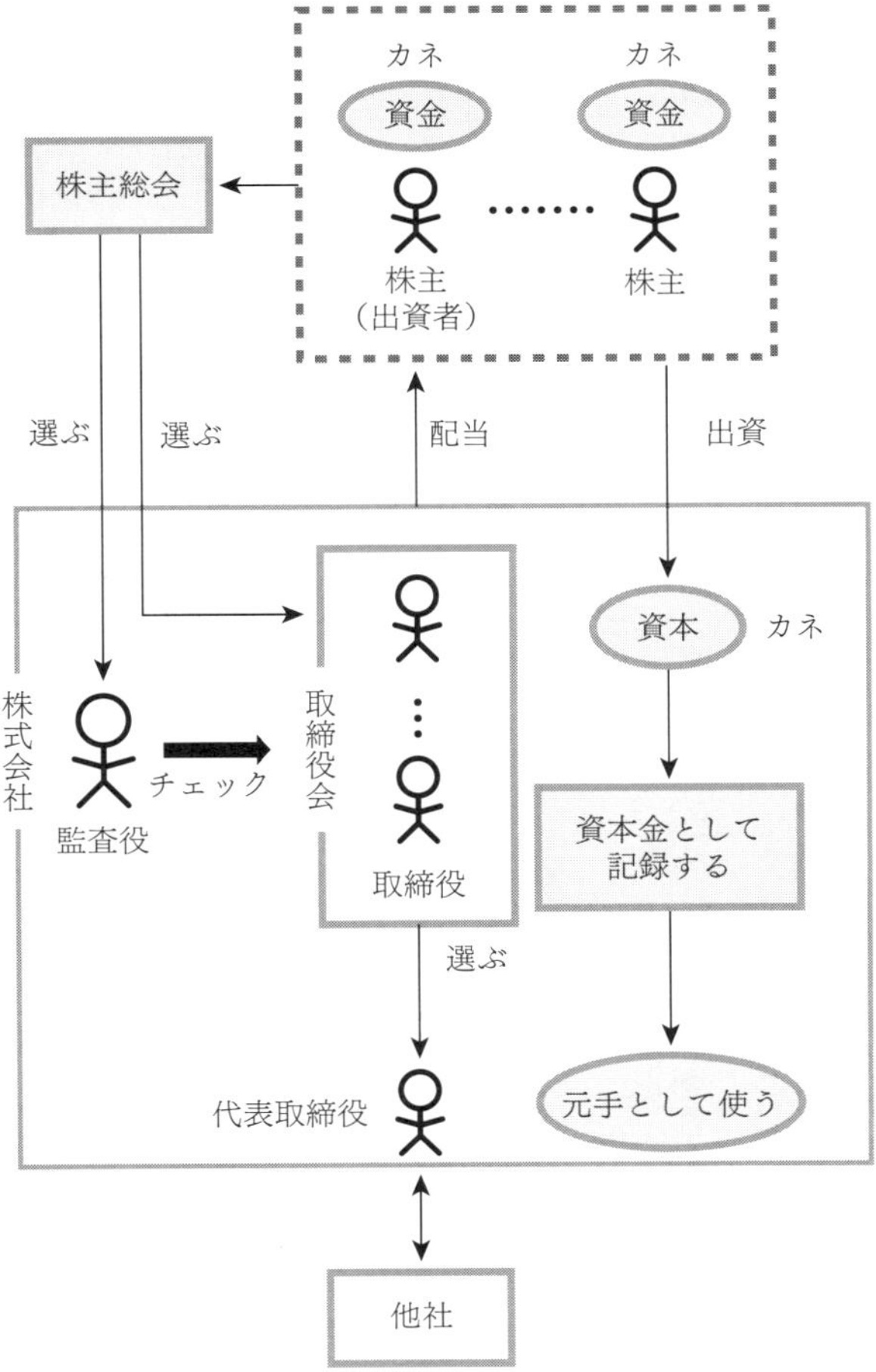
カネ
資金
カネ
資金
株主総会
株主
（出資者）
株主
選ぶ
選ぶ
配当
出資
資本
カネ
株式会社
監査役
チェック
取締役会
取締役
資本金として
記録する
選ぶ
代表取締役
元手として使う
他社

取締役の任期は原則として2年、*1 人数は3名以上選ばれ、取締役会を作って、そこでさまざまな経営の意思決定を行います。取締役会ではその中から「対外的な顔」として代表取締役（1人以上、何人でもよい）を選びます。例えばある会社と契約しようとする時、その会社の誰に印鑑をもらってよいかがわかりません。そこで会社の〝顔〟である代表取締役が印鑑を押せば、会社の決定と見なすようにしたものです。

さらに株主は取締役のお目付役として、監査役（任期4年、1人以上）を選びます。

＊1．先記したように会社法ではさまざまなパターンごとにルールを決め、さらに定款の相対的記載事項に書くことでこれを変えられるようにしている。「原則として」というのは基本的なルールのこと。以降はすべて基本的なルールだけを記し、「原則として」は省略する。

オーナーって誰？

株主にはもう1つ大きな権利があります。それは「会社のシステムを変える」ということです。しかしこの権利の遂行には先記の2つの権利とは異なり、少し厳しい制約を設けています。

株主は株主総会で意思決定するのですが、これには2つのやり方があります（よく国会に例えられます）。1つは普通決議とよばれるもので、一般的な事項を株主の多数決で決めるものです。P／L、B／Sおよび配当の承認、取締役や監査役などの選任、解任といったものです。多数決で決めるので会社の株の50・1％を持った人は、その会社の経営者である取締役を決めることができます。つまりその会社のコーポレートガバナンスを持ったことになります。これは会社システムのうち、要素を変えるというものです。

もう1つは特別決議とよばれるもので、株主の三分の二以上の賛成が必要です。国会でいう憲法改正です。代表的なものは2つあります。1つは定款の変更であり、まさに会社システムのベクトルを変えるというものです。定款に書かれているメインは社名、事業目的であり、これを変えてしまえば別の会社になったともいえます。

そのため新しい事業（定款で約束した事業以外）をやるには定款を変えることが必要です。しかし定款を変えずに、会社のやりたい事業をやる方法があります。それは、新しい事業目的を持った子会社を作ることです。会社（親会社となる）が自らのカネ（株主に出資を頼むのではなく）を出資して会社（これが子会社）を作り、コーポレートガバナンス（経営権）を持って、事業を子会社で遂行していくものです。

2つ目の特別決議が合併、解散というもので、会社の存在自体を変えてしまうことです。合併とは他の会社と一緒になって全く別の会社を作るものです。解散とは会社をやめてしまうことです。そのうえでその会社の全財産を処分して、全借金を返します。これを清算といいます。こうして会社に残ったカネはすべて株主のものとなって、その株数に応じて分配されます。

会社の株を100%を持たなくとも66・7%持てば、「定款を変えること」、「他社と一つになること」、「やめて財産を得ること」など会社に関するほとんどすべての権利を持つので、この株主にはよくオーナー（会社の所有者）という表現が使われます。

逆に33・4%の株を持てば（他の人が66・7%株を持てないので）、これらの拒否権（社名を変えさせない、会社を解散させない）を持つことになります。

●上場とは何か

マネーゲームのルール

「うちの会社、近々上場するってはりきっているけど、上場すると何が幸せなんだ？」

「でも上場企業ってなんとなく聞こえがいいでしょ」

株主は出資したカネを「返せ」とはいえませんが、株という権利を他人に売ってカネに換えることができます。しかし株を売りたいと思っても「買いたい人」をさがすのはなかなか大変です。

そこで株を売りたい人（売り手）、買いたい人（買い手）が集まって、株の取引を行う市場のようなものが社会として求められます。これが証券市場であり、ここで株の売り手と買い手が〝せり〟で売買を行います。証券市場[*1]は株だけでなくさまざまな有価証券[*2]を取り扱っていますが、ここでは株についてのみ述べていきます。

証券市場で株を売買できるようにすることを、上場（場にのる）、株式公開（後で述べるディスクローズ）、アメリカではＩＰＯ[*3]といいます。

証券市場では「株を買った値段より売った値段が高ければ勝ち」というマネーゲームを行います。このマネーゲームのルールを定めているのが金融商品取引法[*4]です。

証券市場において、売り手となるのは株主（株を持っている）と当該会社（株を発行できる）です。一方、買い手は買うためにカネを出すので投資家とよばれます。

売り手は会社のことをよく知っています。会社自身はもちろんのこと、株主も株主総会などでその会社に関するさまざまな情報が手に入ります。しかし買い手の投資家は部外者ですので、全くその会社の情報が入ってきません。これではゲームになりません。そのため金融商品取引法では、2つのことをルール化しています。

＊1．株に限っていう時は株式市場ともいう。
＊2．財産の権利、義務に関するペーパーのこと。ただこれらの多くはペーパーレスとなっている。
＊3．Initial Public Offering：直訳すると「最初の社会への提供」。
＊4．2007年までは証券取引法という名前だった。

ギャンブル場はたくさんある

1つは上場時のチェックです。投資家にとって一番恐いのは、株を買った会社がつぶれてしまうことです。会社がつぶれてしまえばその会社の株は紙クズです。

そこで上場する時に、証券市場がその会社の「つぶれない度」をチェックします。

しかし証券市場はいってみればマネーゲームを行うギャンブル場（少しいいすぎかもし

れませんが）であり、ギャンブルにはリスク（負ける可能性）はつきものです。そのリスクとリターン（勝ちの可能性）によってギャンブルの性質は決まります。

投資家にはハイリスク・ハイリターン（つぶれるかもしれないが大きく伸びる可能性を持つベンチャー企業などの成長会社）を好む人、ローリスク・ローリターン（まあつぶれないが大きく伸びる可能性も少ない成熟した大会社）を好む人などさまざまな人がいます。

そこで日本には金融商品取引法に則って、いくつかの証券市場があります。この金融商品取引法にもとづいて作られた証券市場を証券取引所[*1]といい、各取引所でそれぞれ上場時の審査基準を変えています。

大会社の株が対象となっているのは東京証券取引所第一部（東証一部と略す。東証には二部もあり、こちらの基準が少し緩い）がその代表であり、もっとも厳しい上場審査基準を持っています。日本ではこの安定度の高い東証一部にもっとも多くの投資家が集まっています。

会社から見ると「東証一部上場企業」という肩書きは、おかみ（正確にはおかみが認めた証券取引所）が「まあつぶれないだろう」と判断して上場させたとも考えられ、会社の信用力の証、さらにはステータスシンボルともなります（つぶれた東証一部上場企業もありますが)。

東証と同タイプの証券取引所が大阪(大証)、名古屋(名証)、福岡(福証)、札幌(札証)にもあります。

成長会社の株を対象としているものとしてはジャスダックという証券取引所の他、先ほどの5つの証券取引所内にマザーズ(東証)、ヘラクレス(大証)、セントレックス(名証)、アンビシャス(札幌)、Q-Board(福証)という証券市場があります。

＊1. 証券取引法から金融商品取引法に変わって金融商品取引所と法律上は名前を変えたが、証券取引所は従来の名前をそのまま使っている。

一切隠さない

2つ目は上場後の情報公開です。金融商品取引法では上場後に会社から投資家へ定期的に情報を提供することを求めています。これをディスクローズといいます。ディスクローズは公開と訳されますが、オープンではありません。隠しているものの一部を公開してもオープンですが、ディスクローズは「クローズしない」、つまり「一切隠さず公開する」という意味です。

ディスクローズの中核をなすのが有価証券報告書（有報と略される）です。有価証券報告書は会社自身が作り、公認会計士という「チェックのプロ」が審査してディスクローズされます。有報はインターネットで誰でも手に入ります。この有報の中核をなすのがP／L、B／Sといった決算書です。

親子を一緒にする理由

上場会社は事業目的をはっきりさせて上場する必要があります。投資家から見て、何の事業をやる会社なのかは投資するうえでもっとも大切な情報です。そのため上場前に核となる事業以外は子会社（161～162ページ参照）にします。これを分社といいます。そして上場後も新事業に進出するために子会社を作ります。

しかし株主、投資家が上場会社に出したカネは、当然のことですが子会社にも流れます。

そこで有価証券報告書ではその会社自身の決算書と合わせて、親会社と子会社を1つの会社として決算して報告することを要求しています。これを連結決算といい、親会社のみのものを単独決算といいます。巨大企業によっては親会社より、「子会社合計の事業ボリューム」の方が大きいこともあります。

現代の証券市場では単独決算よりも連結決算を重視しています。

積極的にディスクローズ

証券市場は「株を買った値段よりも売った値段が高ければ勝ち」というマネーゲームを行うところです。ということは売り手の1人である「株を発行する会社」は「買う値段がゼロで売ることができる」ことになり「絶対に負けないゲーム」を行うことになります。

では会社にとって上場のデメリットはないのでしょうか。

最大のデメリットはディスクローズでしょう。有報では決算書のみならず、事業の状況（ビジネスをどうやっているのか、これからどうやるのか）、設備の状況（何に投資し、これからどうするか）など、およその会社に関わることすべてが投資家へディスクローズされます。投資家は株をまだ買っていない人であり、誰でも投資家になれますので、この情報は社会へディスクローズされることになります。当然ライバル企業へもこれだけの情報がすべて流れます。これを嫌ってあえて上場しない大企業も数多くあります。

しかし上場すると決めたら、証券市場に対して会社として株を売るのですから、買ってくれる投資家のためにその株の魅力を少しでも高める必要があります。そしてその魅力度を高める第一歩は、証券市場から求められて〝いやいや〟ディスクローズするのではなく、自ら積極的にディスクローズすることです。投資家から見れば何がどうなっているのかわからない会社の株など〝買う気〟が起きるはずもありません。このように投資家へ積極的に情報を提供していく活動のことをＩＲ（Investor Relations）といいます。

ＩＲは会社が投資家からカネを集めるための活動ともいえます。選挙運動のようなもので「投資家の皆様、我社に一票を」というものです。

強い買い手を規制する

証券市場ではフェアさを保つために売り手だけでなく、買い手である投資家に対してもいくつかの規制をしています。

その代表がインサイダー取引です。証券市場は皆が同じ情報を持ってゲームをやることが前提です。そのためにディスクローズしているのですが、いくらなんでも上場会社のすべての情報を公開させるわけにはいきません。例えば不正競争防止法という法律では、営業秘密（トレードシークレット）というものを定めています。会社が秘密として管理している情報のことで、会社はこれをオープンにすることを阻止できます。

これら投資家が知らないような情報を持っている人が、証券市場でマネーゲームをやったら強すぎてゲームになりません。そこで上場会社の役員、従業員、大株主などが行う当該会社の株の売買について規制をしています。これがインサイダー取引の規制です。

買う目的をはっきりいいなさい

証券市場では会社のこれまでの業績や将来を考えて買う値段、売る値段を考えるのが原則です。しかしその株にはコーポレートガバナンス（経営権）が付いています。株の売買による「もうけ」にあまり興味がなく、経営権の取得、つまり買収（106～108ページ）を目指している人がこれを秘密にして株の売買をすると、証券市場の株価が大きく動いてしまい大混乱となります。そこでこれに対して2つの規制をしています。

1つは「株式大量保有の5％ルール」というものです。上場会社の株のうち5％を超える量を持った人（法人も含めて）は、保有割合（何％持っているか）、取得資金（誰のカネで買ったか）、保有目的（投資か、経営権取得か）をディスクローズするというものです。こうすれば他の投資家も何が起きているのかがわかりやすいといえます。

もう１つはＴＯＢ（Take Over Bid：公開買付）であり、証券市場を通さず不特定多数の人から、買付することをオープンにして特定の会社の株を買うことをいいます。

買収をしようとする時、証券市場の中でせりによって株を買っていくと株価がどんどん上がっていってしまいます。証券市場の外で個別の株主と価格交渉をして株を買う方が有効です。しかし証券市場外で特定の買い手と特定の売り手が株取引をすると、残りの人たちは何が起きているのかわからず、極めて難しいマネーゲームとなってしまいます。そこで買収のために証券市場外で株を買う時は、原則としてＴＯＢを強制して、やっていることをオープンにして他の投資家からもその状況がわかるようにしています。

ＴＯＢは株を買う期間、買う値段（期間内は一定）、買う予定の株数を新聞などに公告しなくてはなりません。しかも買い手は原則としてキャンセルできず（売る方はいつでもＯＫ）、ＴＯＢ期間中は他の方法でその会社の株を買うことが禁止されます。

これら証券市場のお目付け役として、金融庁に証券取引等監視委員会があります。アメリカのＳＥＣ（Securities and Exchange Commission）にあたるものです。

●日本的経営とは何か

「しゃんしゃん総会」――日本の株主総会の問題

ここまでが会社のルールです。会社のカネを科学するためには、このルールの他に57ページで述べた「会社の実体」を知る必要があります。

約20年前にバブルが崩壊し、証券市場の株価は急落しました。この時、日本の会社の株の割安感から数多くの外国人投資家が証券市場に入ってきました。そして彼らは日本の会社、特に東証一部上場の老舗大会社（日本的株式会社とよばれる）がルールどおりに運営されていないことに気づきました。中でも株主の中核の権利であるコーポレートガバナンスについてこれを指摘しました。「会社は誰のものか？　それは経営者を選ぶ株主のものだ」と声高《こわだか》に宣言し、その是正を日本に求めてきました。これを機にゆっくりと日本的株式会社は変化していきました。これが「日本的経営の崩壊」「日本株式会社もグローバルスタンダードの波にのまれて……」と新聞をにぎわせました。

まずはこの日本的株式会社について考えてみましょう。

外国人投資家（というよりも株を買った外国人株主）が真っ先に指摘したのが株主総会についてです。東証一部上場会社の多くは3月決算（4月～3月を1年度とする）です。株主総会は決算から3ヶ月以内に開催すればよいのですから、6月末までのいずれかの日にやればよいことになります。上場会社の株主となった投資家は複数の会社の株を持っていることも多く、上場会社がみな同じ日に株主総会を実施すると物理的に出席することができません。本来なら日をずらしたり、土曜日や日曜日にやればよいと思うのですが、多くの会社はあえて6月末ごろの平日の「同一日」に開催します。株主総会がもっとも集中した1995年には何と90％以上（！）が同一日に株主総会を開催していました。できるなら「株主に来て欲しくない」と考えているといわれても仕方のないところです。最近はこの傾向が弱まっているとはいえ、2009年では3月決算の東証一部上場会社の約半数が6月26日の金曜日に株主総会をやっています。

日本の株主総会のもう1つの特徴は、その実施時間が極端に短いことで、「しゃんしゃん総会」（始まったと思ったらあっという間に手を「しゃんしゃん」と締めて終わらせてしまう）といわれていました。逆にこれがあたり前となり、「進行を妨げるぞ」と脅《おど》してカネを取る総会屋という人たちまで生まれ、さらにはこれと戦う会社側の総会屋もいて、という状況でした。さらに総会屋への利益供与事件[*1]でこの実体がわかってしまい、マスコミを騒がせました。

これほどひどくなくても、多くの株主総会は何かを決めたり、審議する場というよりも、形式的な集まりとなっている所がほとんどでした。今でも株主総会で取締役が出した案が否決されれば、新聞に載るほどイレギュラーなことです。つまりほとんどが現経営者の意向どおりに株主総会で決まっていることになります。

こうなると株主が経営者を選んでいるとはいえず、配当が低くても了承してくれることになり、サイレント株主[*2]とよばれました。

＊1．総会屋に会社がカネを渡したというもの。今やると相当な罪となる。

＊2．「物言わぬ株主」という意味。逆に株主が取締役の案を否決したりすると「物言う株主」といわれる。

日本の常識は外国人の非常識

株主総会が機能しないため、取締役を株主ではなく会社自身、というよりも従業員のリーダーたる現取締役が選ぶことになります。そして当然の結果として自らの部下であり、仕事仲間である従業員が選ばれます。そのため経営者としての能力よりも、つい論功行賞《ろんこうこうしょう》的に会社に貢献した人が選ばれます。現取締役が次の取締役を選べば、やめる人数より選ばれる人数が多くなり、取締役の数は増加していきます。

自然に取締役の中も社長、副社長、専務、常務、平《ひら》取締役と細かくランキングされ、課長、部長といった従業員のランキングとボーダレスとなります。これだけ秩序がはっきりしていれば、新米の平取締役（法律上はれっきとした経営者の一員）に意思決定機能（取締役として1票を入れる）を求めることなどは無理だとわかると思います。

実際の経営は各部門担当の役付き取締役（常務以上。営業担当常務、経理担当専務……）が集まり（常務会、経営会議などとよばれる）、社長などのトップへそれぞれが状況を報告し、トップが彼らの意見を聞いて最終的に意思決定するというスタイルとなります。法律の想定している取締役会による合議制とはかけ離れたものです。

取締役をチェックする監査役も現取締役が選ぶことになり、取締役を退任する人から選ばれることもごくあたり前のことでした。こうなると社長を中心とした取締役をチェックすることなど不可能といえます。

日本企業のリーダーである老舗大企業に見られるこのコーポレートガバナンスのスタイ

ルは、それ以外の一般会社でも〝常識〟となっていました。

グループで持ち合う

ではなぜこのような日本的株式会社が生まれたのでしょうか。この原因として挙げられるのが「株の持ち合い」です。

日本では従来、会社が自分の会社の株を持つことができませんでした。[*1] そのため他社が買収のために株を買い占めるとほとんど無抵抗となってしまいます。

そこで株を持ち合います。A社はB社に自社の株を持ってもらって売らないよう頼み、かわりにA社がB社の株を持って売らないようにします。そのうえで互いの経営には口を出さないようにします。

こうすると、A社が自社の株を自分で持っているのと同じであり、A社の経営者はA社の経営権を永久に手に入れることになります。また配当についても、A社が利益を出してB社に配当し、B社からかわりに配当をもらうくらいなら、「利益を出さないで（利益には税金がかかります）お互いに将来の会社のために投資しよう」となります。

しかしA社から見て、B社1社にA社の株を大量に持たれてしまうと危険なので、いくつかの会社に少しずつ持ってもらい、一方でこれらの会社の株を少しずつ持つのが安全といえます。この株主を会社から見て安定株主といいます。

「株の持ち合い」を最初に実現したのが、旧財閥と呼ばれる企業グループです。

戦前の日本にあった財閥*2では持株会社（株を持って他社を支配することが事業目的の会社）が、配下の金融機関（銀行、保険会社）の株を半数持って支配し、その金融機関が事業会社（メーカー、商社……）の株を半数持ち、事業会社が子会社を持ち……として、財閥は持株会社の半数の株を持てば、少額のカネで膨大な数の企業を支配できることになります。

戦後「財閥解体」と称し、独占禁止法で持株会社は全面的に禁止されました。しかしこれを機にこの企業グループは銀行を中核として、事業会社が互いに互いの株を少しずつ持つ形で、先ほどの「株の持ち合い」を見事に実現しました。さらに財閥に属さない企業も、これに属さない銀行を中核として、同じように「株の持ち合い」で企業グループを形成していきました。特に旧財閥系はその結束力が強く、経営権の安定化だけでなく、グループ間取引により、事業自体も安定していきました（よくいわれたのは「三菱グループは皆グループ企業のキリンビールを飲む」）。これら企業グループは系列ともよばれます。

＊1．2001年自社株買いは自由になった。この自社株は売るまで金庫にしまってあるというイメージから金庫株といわれる。
＊2．コンツェルンともいう。三菱、三井、住友、安田……など。

ジャパンパワーの源

日本のリーダーである大企業たちは、こうして会社自身が株主から経営権を手に入れ、会社をすべて支配できるようになります。

会社は左頁上図のように社長を頂点とするピラミッド型組織となり、法律が想定した下図のようなスタイルとは異なるものとなりました。

ここで組織内はワンマン・ワンボス[*1]という、ライバルと戦うには最高のものとなり（戦争する軍隊は必ずワンマン・ワンボス）、世界中でジャパンパワーをふるうことになります。

そしてこの日本的経営とピラミッド型組織は、外国などから「あまりにも強すぎるのでアンフェアだ」といわれました。「株主に〝もうけ〟を回さないで、カネをすべて会社自身のために使う」、「ピラミッドなので意思決定が早く、誰にも文句を言わせない」……。

外国人投資家たちは証券市場を通して「外からは実体が見えず、不透明」と指摘し、そ

日本的ピラミッド型組織

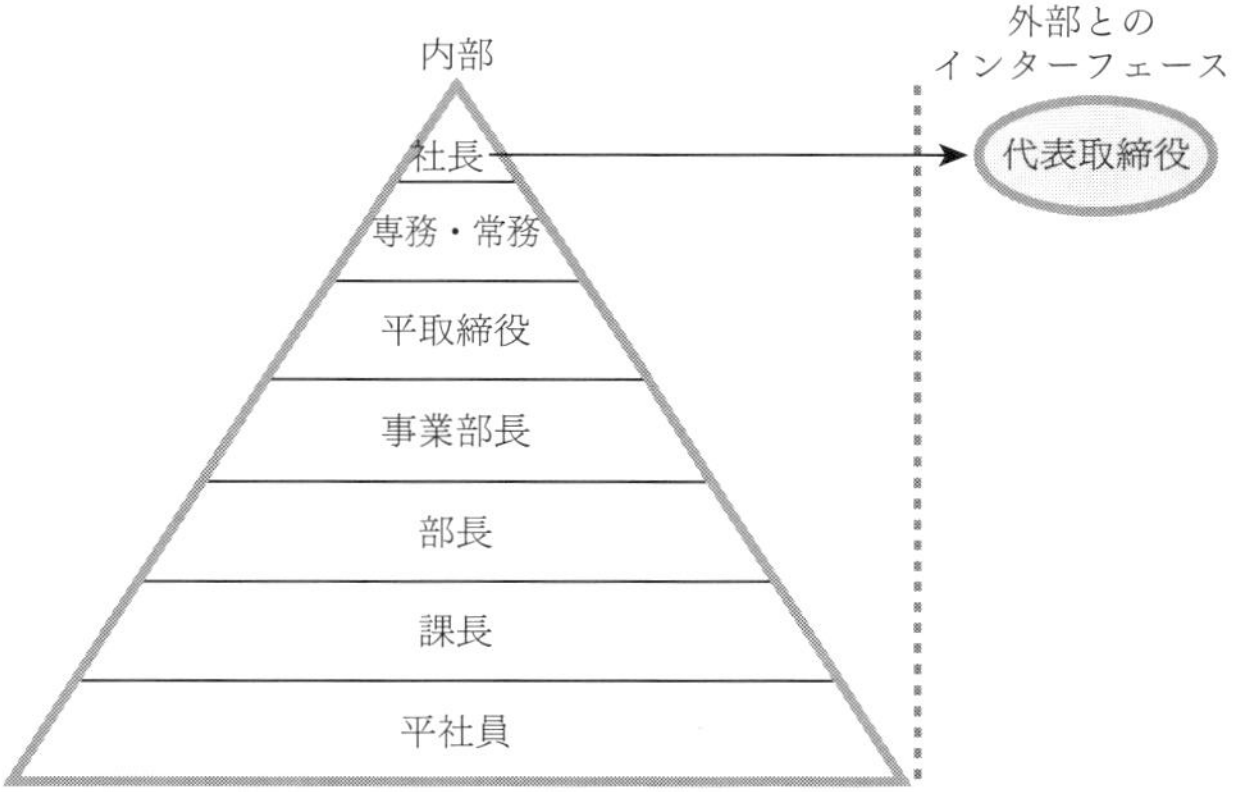

法律が作った本来の姿

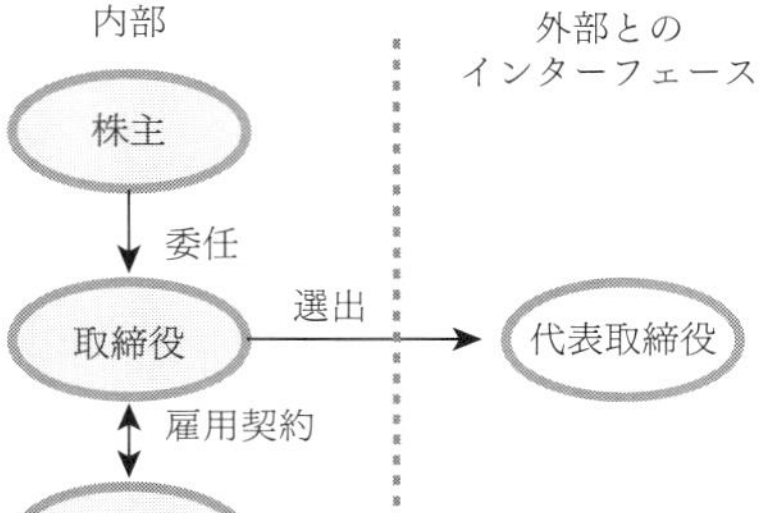

の是正を求めました。

これを受け、日本的経営がやりづらくなるように法律が改正されていきました。さらにバブル崩壊で日本企業の成長も曲がり角を迎えており、戦後築き上げてきたこれらのことがすべて音を立てて崩れていきます。

この変化によって、日本企業は「株主からのカネの調達」というファイナンスに大きな影響を受けただけでなく、透明性を増すための会計ルールの変更に振り回されていくことになります。

＊1．1人の人間に必ず直属の上司が1人いる。

アメリカンスタンダード

日本的株式会社を変えていくベクトルはアメリカ的株式会社です。アメリカのコーポレートガバナンスルール（グローバルスタンダードと表現されますが、アメリカンスタンダードが妥当な表現でしょう）に証券市場が〝力〟を使って（つまり金融商品取引法を使って）、上場企業を変えていくというものです。

まずこのアメリカンスタンダード、正確にいうとアメリカの大手上場会社のコーポレー

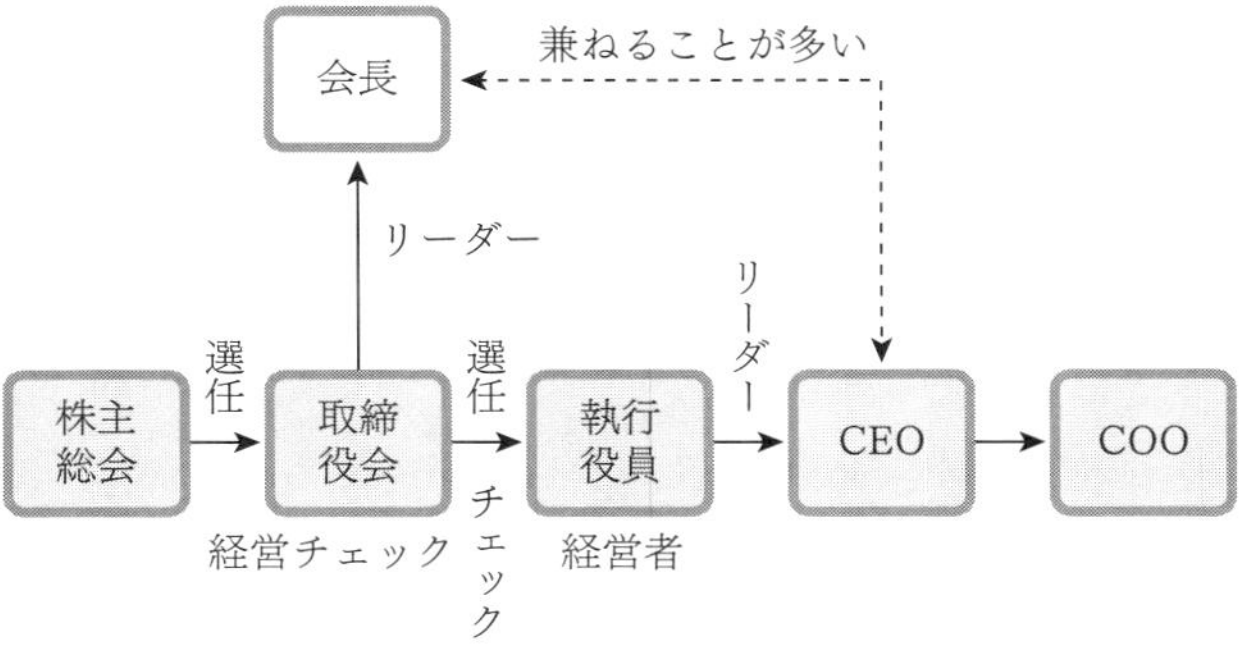

トガバナンスの基本的パターンをざっと見ていきましょう。

会社の最高意思決定機関は株主総会（stock-holders meeting）です。株主総会が取締役（director）を選び、取締役会（board of directors）ができます。ここまでは日本と同じですが、アメリカの大手上場会社では一般に各取締役が経営者というよりも各株主（特に大株主）の利益代弁者という位置づけとなっています。株主の代理としての取締役会は、実質的な経営者として執行役員（executive officer、officer）を選び、彼らの監督を行う機関となります。日本でいう監査役です。取締役は監督責任ですので、必ずしも社内にいる必要はなく、社外取締役（後述）の割合が高くなっています。

取締役会では会長（chairman）[*1]という「取締役会のリーダー」、および「執行役員のリーダー」としてCEO

（Chief Executive Officer）[*2]を選びます。大企業は会長がCEOを兼ねるケースも多く、社会、株主、他取締役との調整を行う仕事となります。そこで実質的な経営遂行のリーダーとしてCOO（Chief Operating Officer）を置く会社も多くあります。

＊1．議長と訳すのが普通だが、日本では会長とよばれる。

＊2．執行役員の長のことであるが、これを日本ではどういうわけか最高経営責任者と訳している。

アメリカ的経営の日本会社

こうしたアメリカの大手上場会社のコーポレートガバナンスを実現するものとして、日本でも会社法で、大手上場会社向け（上場していなくてもこの形にすることはできるが）に委員会設置会社というスタイルを定めています。大きな特徴はアメリカ同様に、取締役は経営者ではなく経営の監督者であり、取締役会が選ぶ執行役[*1]たちが経営することです。取締役はまさに「取り締まる役」となります。また普通の株式会社の代表取締役に当たるものとして、執行役の中から代表執行役を取締役会で1人以上選びます。

取締役会には3つの委員会があります。指名委員会（株主総会に提出する取締役候補、解任候補の選定）、監査委員会（取締役、執行役のチェック、監査役の代わり）、報酬委員会（取締役、執行役の各個人別の報酬を決定する）です。すべての委員会は取締役が3人以上必要で、その過半数は社外取締役[*2]（過去その会社、子会社の従業員、取締役、執行役をやったことがない人）でなければなりません。

アメリカ型経営を目指す一部の大会社から、徐々に委員会設置会社へと移行していきます。しかし多くの上場会社はこれに移行せず、執行役に代わるものとして執行役員（法律の規定はない）を作り、実際の経営を少しずつ取締役から執行役員に移しています（取締役と執行役員の兼任も多いのですが）。そのうえで取締役会を経営チェック機関とすべく社外取締役を増やし、社外監査役（会社法では大会社は監査役を3名以上とし、その半数以上を社外監査役にするよう求めている）を作ることで、委員会設置会社に近い形にしています。

しかし経営者ランキングだけは捨てられず、社長、副社長、専務、常務という〝肩書き〟を執行役、執行役員に持たせ、そのトップにCEOという肩書きをつけることも多くなっています。

＊1．アメリカのexecutive officer、つまり執行役員のことであるが、この法律を作った時すでにいくつかの会社でこの法律とは別に執行役員を作ってしまっていた。そこでこ

れと区別するために執行役という名前とした。

＊2. 社外取締役は無報酬である場合もあるが、基本的にはその会社から報酬を得ている。

Coffee Break2

「国のカネを科学する」

国のカネは会社のカネと比べると極めてアバウトです。国のカネもファイナンスと会計で科学的に考えてみましょう。

ファイナンスは96ページで述べるようにエクイティファイナンス（返さないカネ）とデットファイナンス（返すカネ）の2つに分かれます。国でいえば前者が税金、後者が借金である国債です。

会社にもっとも関係が深い税金である法人税は、「益金－損金」で所得にチャージします。ここでの問題は損金です。何を損金とするかは企業の意思（34ページの「税務署と意見が合わない」がよい例）で決まります。もっといえばカネをビジネスに使ってしまえば損金が増え、税金を払わなくてすみます。だから多くの企業が法人税を払っていません。そのため30％（法人住民税、法人事業税も合わせると約40％）という高い税率となります。高い税率だから、会社はカネを使ってしまいます。これをチェックして利益を出すよう主張するはずの株主も、日本的株式会社ではサイレントです。

そして税務会計は税額を確保するためにますます所得が大きくなるルールとなり、財務会計の利益とはどんどんかけ離れて大混乱になっています（261～264ページで述べる税効果会計など）。

必ずしも利益を目指している企業ばかりではないことを考えると、所得にチャージするのは問題です。私は、思い切って益金（収益、売上）にチャージすべきだと思います。会社によって利幅が違って不公平というのなら、業界（ビジネスの種類）ごとに税率を決めればよいと思います。これで税務会計がなくなり、企業はすっきりし、かつ税金は公平になります。

サラリーマンも自らがいくら税金を払い、税率が何％かもよく知りません。給与という収入ではなく所得という複雑な計算結果にチャージし、会社で税金をまとめて払ってくれているので完全にブラックボックスです。ここも当然給与自体にチャージすべきです。そうすれば税金を直感できます。

デットファイナンスの借金はもっと大きな問題です。借金は、今はカネがないが仕事をして将来はカネが増える人がするものです。国はキャッシュフローを生みません（昔は鉄道、電話など事業をやっていましたが、今は「官から民へ」でほとんどありません。高速道路までも無料化？）。

会計はファイナンスよりもっとひどい状態です。財務会計をきちんとやるべきです。ファイナンスの相手はすべて国民ですので、国民にきちんと会計報告をすべきです。

会計方法は今の「収入（歳入）－支出（歳出）」というP／Lだけの家計簿のようなものではなく、きちんとB／Sを作るべきです。P／Lが黒字ならまだしも、毎年赤字です。「プライマリーバランスだ」といって、毎年の収入と支出のバランスを取ると宣言していますが、過去の分をどうするつもりなのかがわかりません。企業のファイナンスでは株主も投資家も同じようにP／LとB／Sを求めます。国民だって「過去出したカネ」が今どうなっているかを知るためにB／Sを見たいはずです。

B／Sを作るのはそれほど難しいことではありません。今国が持っている財産を時価で計算するだけのことです。時間はかかるでしょうが、これだけの借金を抱えているのですから、せめて自分がどれくらい財産を持っているかを、カネを出してくれた国民に報告しましょう。

資産が計算できたら、ここから負債を引けば純資産が計算されます。これがマイナスなら260ページで述べる債務超過となり、このマイナス分はこのままでは絶対に返せません。だからファイナンスするしかありません。もちろんデットファイナンス（借金）ではなくエクイティファイナンス（税金）で。

借金を自らの子や孫に残すのではなく、我々の時代で返しましょう。それには増税しかありません。自分たちが使っている国の財産くらい、自分たちのカネで払いましょう。

第3章

ファイナンスを科学する

●金融とは何か

政府の銀行、銀行の銀行

ファイナンスには金融と財務の2つの意味があり、本書の読者対象である一般ビジネスマンにとって、ファイナンス＝財務であることは23～25ページで述べました。本題の財務に入る前に金融について簡単に触れておきましょう。

金融という言葉は2つの世界で使われています。1つはマクロ金融とでもいうべきもので、社会全体としての「カネの動き」を考えることです。一般には金融政策とよばれ、失敗すると「金融不安」といった表現をします。

マクロ金融は経済学の得意分野で、カネを需要と供給の関係でとらえています。このカネの需給をコントロールするのはもちろん国（日本では金融庁）であり、金融政策を実際に実行するのが中央銀行です。日本では日本銀行が、アメリカではＦＲＢ（Federal Reserve Board）がこれにあたります。中央銀行は貨幣を発行し「政府の銀行」として機能する他、「銀行の銀行」として一般銀行へのカネの貸付、銀行間の決済（カネの支払い、受け取り）の仲介を行います。

銀行とノンバンクのちがい

もう1つの世界はミクロ金融というべきものです。民間企業が行う金融であり、これらの企業を金融業とよびます。金融業の分け方はさまざまですが、その機能で分ければ大きく4つに分かれます。

1つは銀行であり、大衆[*1]などからカネを集めて（預金）、カネの不足しているヒト（主に企業）に貸す（貸出）企業です。銀行はこれが本業ですが、この他色々な仕事をやっています。銀行の中で幅広く預金を集め、貸出を行っているものを普通銀行といい、そのサイズによって都市銀行、地方銀行、第二地方銀行[*2]に分けられます。

この他普通銀行に比べカネの集め方が特殊であったり、カネの貸付先が限定的なものとしては信託銀行[*3]、信用金庫[*4]、信用協同組合[*4]があります。さらには農業協同組合、漁業協同組合、商工組合などの各種組合の金融機関や政策を担う政府系金融機関も、銀行としての機能を持っています。

2つ目はいわゆるノンバンクです。これは一言でいえば「預金を集めないで貸付を行う」ものです。さまざまなパターンがあり、消費者金融会社（企業ではなく個人にカネを貸す）、クレジット会社（クレジットカードなどを発行）、リース会社（設備などの購入時に支払いを分割する）がその代表です。

3つ目は生命保険会社、損害保険会社などの保険会社です。多くのヒトから少しずつカネを集めて、何かあったら補償を行うというものです。多くのカネがこの会社に滞留（集まったカネの方が払うカネより圧倒的に多い）するので、この莫大なカネを株などで運用しています。

4つ目は証券会社[*5]です。株などの有価証券の売買の仲介だけでなく、自らもこのマネーゲームに参加します。

この4つのパターンの金融機関は、265ページで述べるメガバンクを中心に企業グループ化が進んでいます。

＊1．一般の人という意味。なぜかファイナンスの世界でよく使われる。
＊2．もともとは「互いにカネを出し合って金融を相互に行う」という相互銀行が普通銀行に変わったもの。
＊3．法律上は普通銀行に位置づけられているが「特定の人の財産を運用する」という信託

業務を中心とする銀行。
＊4．ともに地域の中小企業に対する貸付を主に行う。
＊5．証券取引法から金融商品取引法に変わって正確には金融商品取引業だが、一般にはこうよんでいる。

●エクイティファイナンス、デットファイナンスとは何か

返すカネと返さないカネ

一般企業におけるファイナンスという仕事（＝財務）は、24ページで述べたように必要なカネの量を考えて、これを調達する仕事です。

ファイナンスから見たカネは、調達先が内部か外部かによって2つに分かれます。前者を内部ファイナンス＊1（internal finance）、後者を外部ファイナンス＊1（external finance）といいます。

内部ファイナンスは企業自身が生んだカネであり、調達（資金⇒資本）という概念がなく、投資（資本⇒資産）だけです。したがって本書では第5章で述べます。

外部ファイナンスは調達したカネを「返さなくてよい」か「返す」かによって2つに分かれます。前者は会社では株を発行することで株主から調達するカネであり、エクイティファイナンス（equity finance）とよばれます。エクイティとはもともとは「公平」という意味で、「株主の公平な持ち分」ということから株のことを指します。stock、shareも株という意味ですが、equityは株のマネーゲームの世界でよく使われます。そのためエクイティファイナンスという言葉も上場会社でよく使われます。

エクイティファイナンスで調達したカネが資本金です。

後者の「返すカネ」は、エクイティファイナンスに対してデットファイナンス（debt finance）といいます。デットは借金という意味です。デットファイナンスはその調達先で借入金（金融機関などからの借金）、社債（大衆からの借金）、企業間信用（取引先への支払いを後にすることで、実質的にそのカネを一定期間借金していることになる）の3つに分かれます。

本章はエクイティファイナンスとデットファイナンスの2つに分けて解説します。

＊1．一般には内部金融、外部金融と訳すが、金融というよりも財務なので、本書ではこのように表す。

株を発行してカネを得る

株を新たに発行する（これによって資本金が増えるので増資という）というエクイティファイナンスは、会社にとってもっとも魅力的なファイナンス手段といえます。なんといってもこれは「返さなくてよいカネ」です。

そのため56ページで述べたように会社は発行可能な株式総数を定款に決めておき、その範囲内であれば（授権資本。または授権株式。設立時の４倍まで）、取締役会の決議だけで必要に応じて株を発行できます。

増資は発行相手（カネの調達先）によって３つに分かれます。１つは既存の株主すべてに対して株を発行するもので、株主割当（株主へ株を割り当てるという意味）といいます。上場会社の株主割当では、一般に証券市場の株価よりも低い額で発行することが多くなっています。株主から見れば有利な条件で株数を増やせ、株主構成も変わらず、会社から見るとエクイティファイナンスが安定してできる（反対が少ない）といえます。

２つ目は株主以外の第三者に株を発行するもの（一部の株主だけに発行するものもこうよぶ）で、第三者割当増資といいます。第三者割当増資を行うと株主構成に変動が起こります。カネの調達より、それ自体が目的のことも少なくありません。

「買収されそうになった時、第三者に頼んで株を引き受けてもらうことで、買収側の株の比率を下げる」（敵対的買収防衛）、「一緒にビジネスをやる証として互いに株を持ち合う」（資本提携）、「株を持ってもらうことでその会社の支配下に入る」（グループ入り）、「ピンチの時に金融機関や取引先などにスポンサーになってもらう」（救済）といったパターンがあります。最近では最後のパターンの特例として、国が特定の会社を救済するために株を引き受けるという、いわゆる公的資本注入が話題になりました。

増資した株の発行価格が安い（有利発行という）などの理由で、既存株主に不利益となる時は株主総会の特別決議が必要です。しかしこの〝不利益〟という表現がファジーなので、買収などの際にその新株発行が不利益かどうかでもめ、裁判所に判断を求めるケースも過去にありました。

上場の醍醐味

増資の3つ目のパターンが公募増資で、出資者を広く募集し、応募してきた人に株を発行するというものです。

上場会社では、「証券市場へ株を発行、つまり証券市場で株を売る」というもので、当然のこととして時価発行増資（証券市場の株価程度で発行）が多いといえます。

例えば会社誕生時１株50円で１０００万株発行し、５億円のカネを得たとします。会社は順調に業績を上げ、上場し、今では証券市場の株価が５０００円とします。ここで公募増資を時価発行の５０００円で行えば、同じく5億円のカネを得るのに10万株ですみます。つまり株価が上がれば同じカネを得るのに時価発行増資する際の株数が少なくてすみます（次頁の図参照）。

既存の株主から見れば発行株数が少ないので、その構成比率に影響は少なく（１０００万株発行されたら既存株主の持株比率が大きく下がってしまう）、かつ会社から見ると配当が少なくてすみます（配当は1株当りいくらという形で行われます）。

まさにこれが上場の醍醐味です。そのため逆に株価が下がるとエクイティファイナンスに大きなダメージを与えます。株主から見れば株価が下がったうえに株数が増えて持株比率が減り、増資によって売買される株数が増えるのでさらに株価は下がることになります。そのため増資に対する株主からの抵抗が強くなります。

さらには市場全体の株が下がっている時は、証券市場が「これ以上株を増やすと、さら

*1

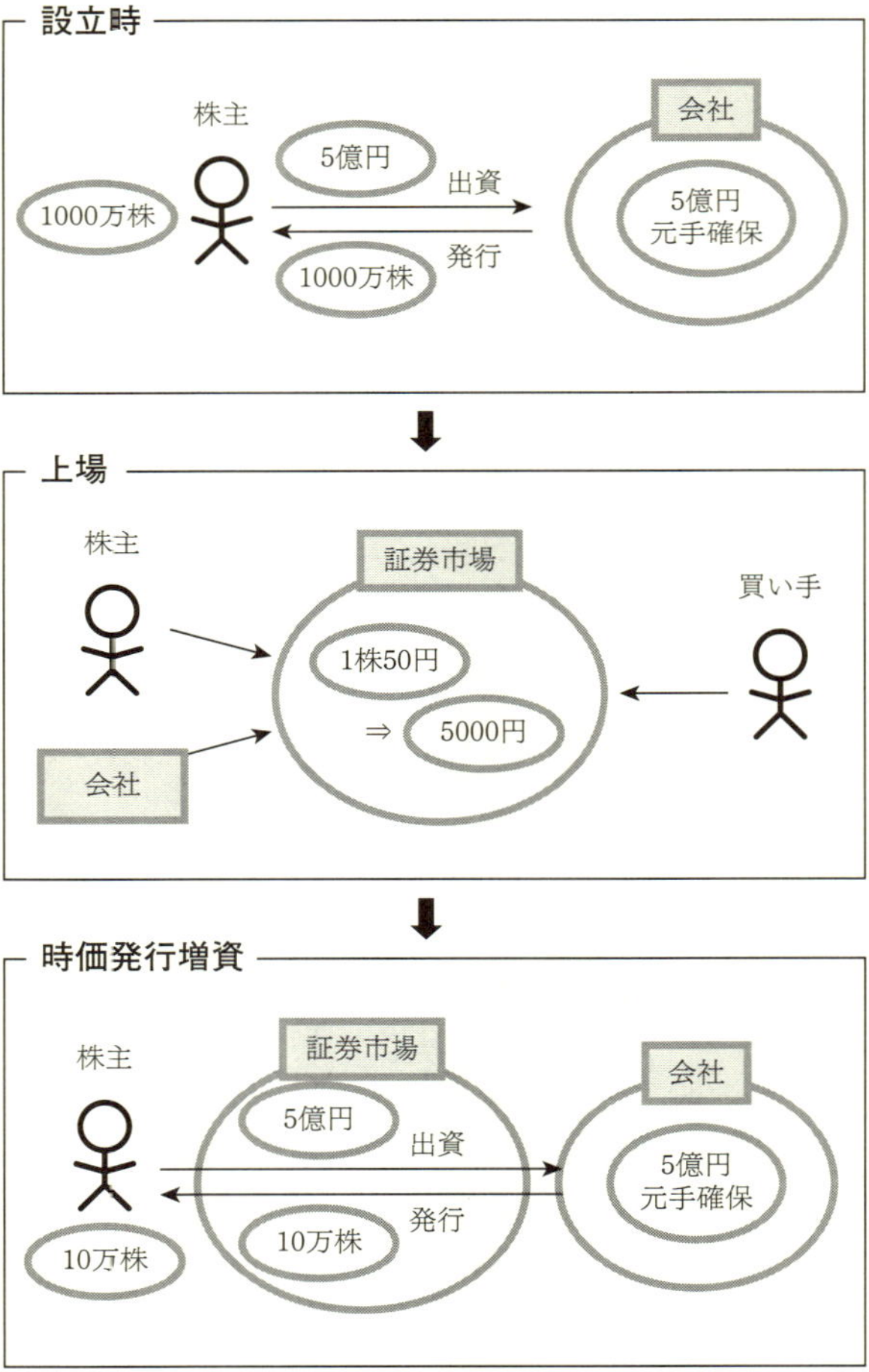
設立時
株主
1000万株
5億円
出資
発行
1000万株
会社
5億円
元手確保
上場
株主
証券市場
1株50円
⇒ 5000円
会社
買い手
時価発行増資
株主
10万株
証券市場
5億円
出資
発行
10万株
会社
5億円
元手確保

に市場全体の株価が下がってしまうので、株価が落ち着くまで当面は公募増資させない」といった制限を入れてきます。

株が全面安となったバブル崩壊時には、上場会社の公募増資は実質的には不可能となり、ファイナンスを大きく苦しめました。

上場会社がエクイティファイナンスをスムーズに進めるためには、株価の上昇が大きなポイントとなります。株価については第5章で述べます。

＊1．この設立時の1口金額を昔は額面と言っていたが、2001年から株の額面金額はなくなり、すべて無額面となった。

未来の株を買う権利

エクイティファイナンスにはこのような増資の他、もう1つ新株予約権というものがあります。新株予約権とは株のコールオプションのことです。オプションとは一定期間に一定の価格で何かを売買する権利のことをいい、このうちコールオプションとは買うことができる権利、またプットオプションとは売ることができる権利です。

つまり新株予約権とは「株をある期間内に一定の価格で買うことができる権利」のこと

をいいます。権利者がこのオプションを行使すれば、会社はカネを調達することができ、エクイティファイナンスとなります。新株予約権は従来から一部限定的に認められていましたが、2002年に全面的にOKとなりました。

新株予約権にはさまざまなパターンがありますが、従来から行われていたストックオプションが有名です。ストックオプションとはアメリカで流行したエクイティファイナンスであり、経営者や従業員への報酬をカネではなく新株予約権で払うというものです。新株予約権で株を購入する価格（行使価格という）が固定となるので、株価がそれより高ければこの権利を行使して株を会社から発行してもらい、すぐに売れば大きな収入となります。この時会社へ購入金額分のカネがもたらされるのでエクイティファイナンスとなります。株価のアップが経営者、従業員の収入アップにつながり、それが会社のファイナンスとなることで皆が一丸となって株価を上げる努力をすることになります。しかし株価が上がっている時はよいのですが、株価が行使価格より下がるとストックオプションは紙クズとなってしまいます。

日本ではこれよりも従業員持株会（社員持株会）の方がポピュラーです。従業員持株会という組織を作り、従業員が任意で参加し、給料、ボーナスなどから一定額を積み立て、毎月一定の時期に持株会が自社の株を証券市場で購入していきます（未上場でも増資により可能）。従業員の自らの収入アップ、株主の安定化、一定量ずつ〝買い〟が入るので株価の上昇を図ることができ、多くの会社が取り入れ、かつこれを会社として支援しています。

●会社売買のしくみはどうなっているのか

会社を売り買いしやすいように

ある会社の株を50％超買うことでその会社の経営権を手に入れることができます。つまり「会社を買う」ことができます。従来の日本的株式会社にはこの会社を買う、売るといった考えはあまりなく、というよりも持ち合いなどでこの株主の経営権を実質的に制限していました。これが日本の株の魅力を落としている（実質的には経営権がついていない）ともいえ、株価が低迷している原因ともいわれました。

株価が上がって不幸になる人はほとんどいません。そして下がると多くの人が不幸になります。そこで日本ではバブル崩壊後、官民をあげて株価を上げるための努力を続けてきました。その一環として「会社を売買しやすい環境」を法律で作りました。会社の売買＝株の売買であり、エクイティファイナンスに大きな影響を与えます。ここでは会社の売買と株、エクイティファイナンスの関係を整理してみましょう。

会社を分ける

まずは売る方です。「会社を部分的に売りやすくすること」から、会社を売買しやすい環境づくりがスタートしました。これをスムーズにやる方法として会社分割というものが法律で認められました。それまで認められていた子会社を作って事業を分割するという分社の他に、分割[*1]を認めたものです。分割とは次頁の図の右のように「株を2つに分ける」感じです。

そのうえで分社、分割がスムーズに行えるように法律を整備していきました。

図の左の分社では親会社か子会社の株を売れば、カネを調達できます。一種のエクイティファイナンスです。分割では株主がB社の株を売れば、株主にカネが流れて会社にはカネが流れていきません。

＊1．ややこしいことに正確には分社と分割を合わせて分割といい、分社を分社型分割、分

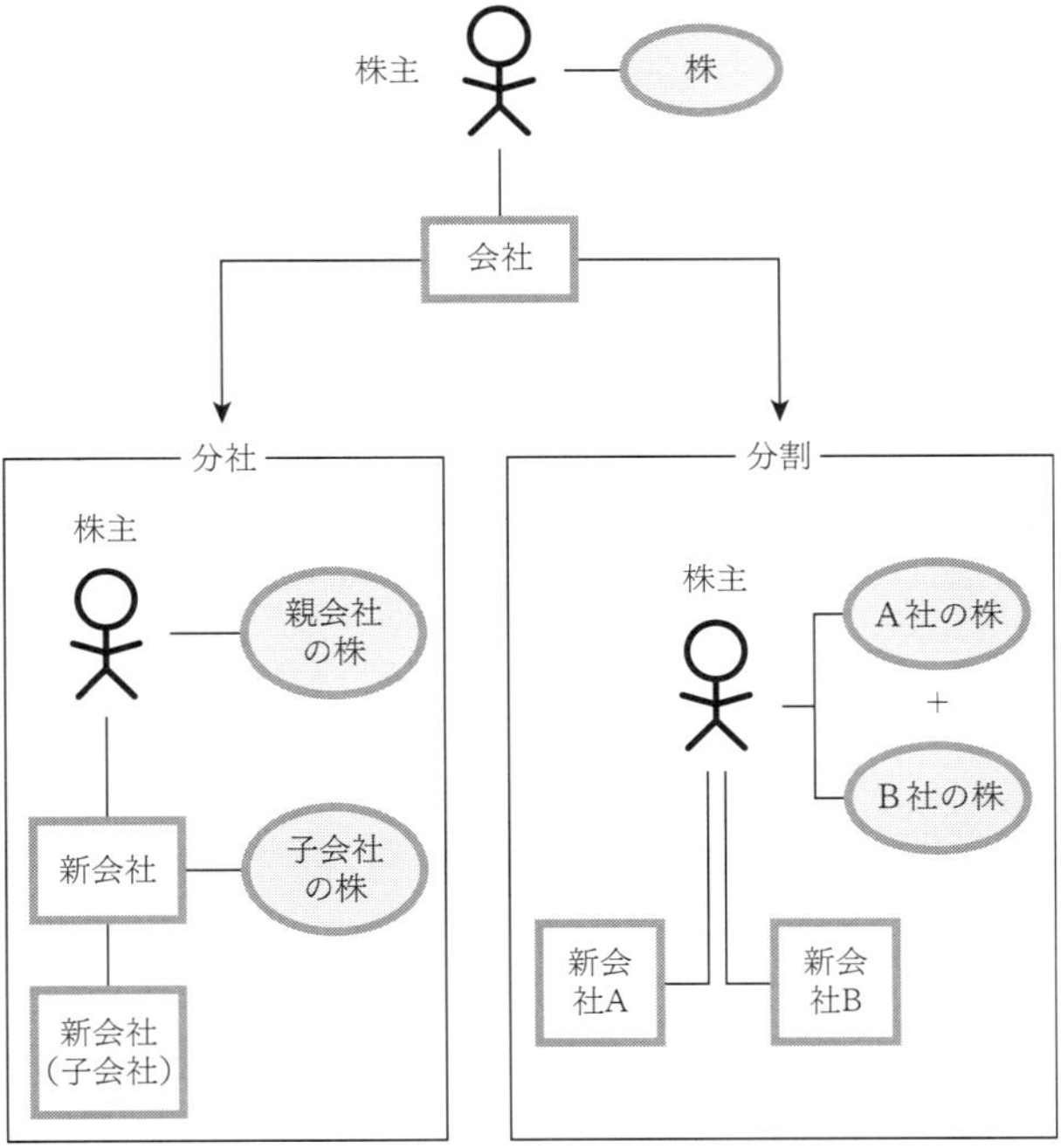
株主
株
会社
分社
株主
親会社の株
新会社
子会社の株
新会社（子会社）
分割
株主
A社の株
+
B社の株
新会社A
新会社B

割を分割型分割という。

会社を買う

次はいよいよ会社自体の売買であり、買う方から見ると買収といいます。他社の株を取得して、その会社の経営権（コーポレートガバナンス）を得るものです。

買収は友好的買収（現在の経営者の合意のもと株を取得するもの）と敵対的買収に分かれます。

友好的買収には、発行済の株を株主から買うものと、第三者割当増資によって株を得るものがあります。前者の「発行済の株を買うパターン」をスムーズに進めるものとして、株式交換という方法が認められました。A社とB社の株主が合意のうえ、B社がA社の完全子会社（A社がB社の100％の株を持つ）となる時、B社の株とA社が新たに発行する株を交換して行うものです（左図参照）。

A社にとっては1円の現金も使わずにB社を買うことができます。これは「B社（B社株）を買うための資本を増資によって得る」というエクイティファイナンスの一種と考えられます。

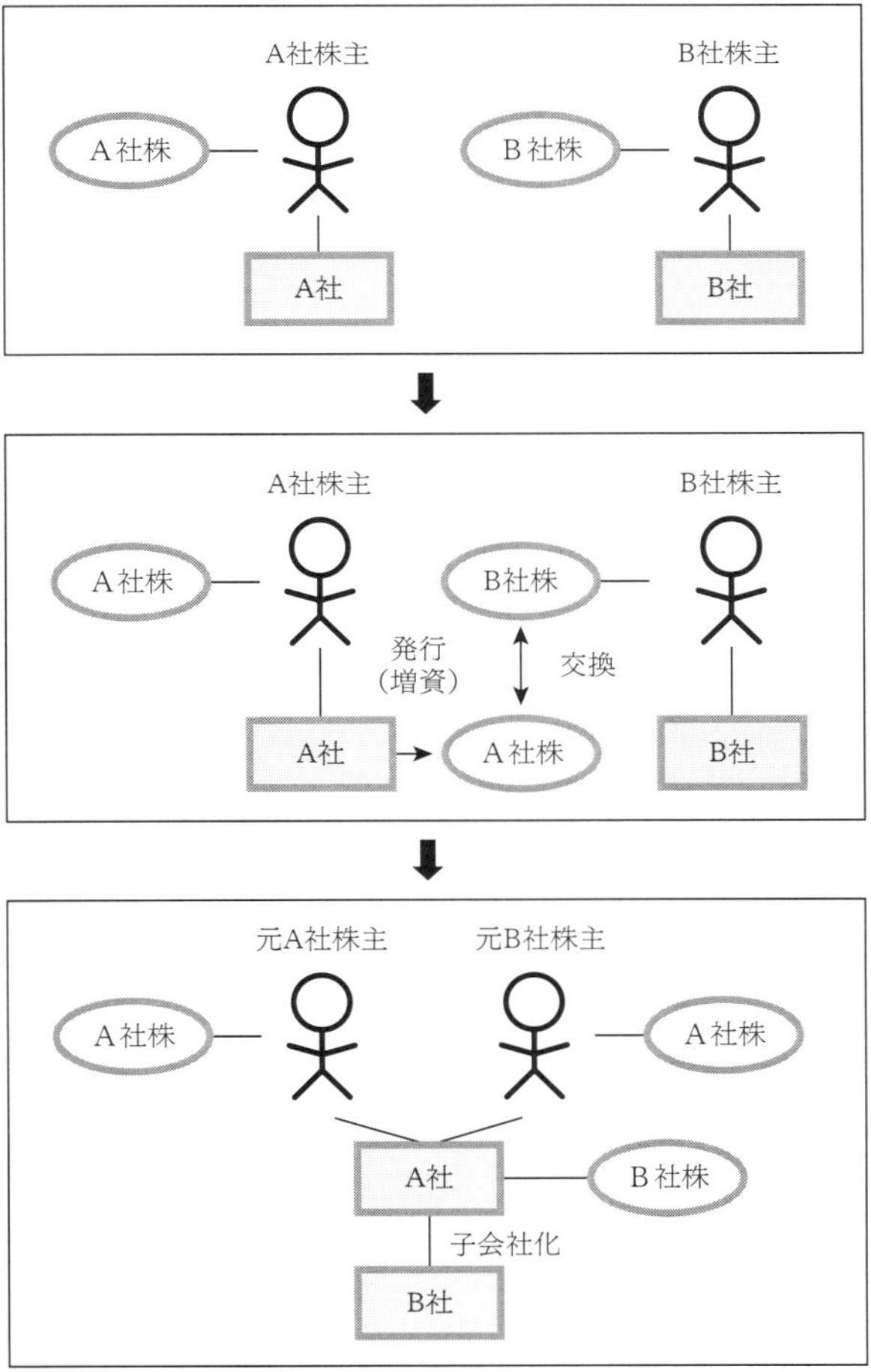
A社株主
B社株主
A社株
B社株
A社
B社
A社株主
B社株主
A社株
B社株
発行
(増資)
交換
A社
A社株
B社
元A社株主
元B社株主
A社株
A社株
A社
B社株
子会社化
B社

後者の第三者割当増資による買収は、売る会社（株を発行）から考えるとエクイティファイナンスであり、買う会社（株の割当を受ける）が「カネが苦しい〝売る会社〟を救済する」というケースが多いといえます。

敵対的買収では73ページで述べたTOBが用いられることが多いといえます（友好的買収でもTOBは使われますが）。敵対的買収は、現経営陣が徹底抗戦することが多い日本ではあまり成功例はありません。

持株会社でグループを再編する

会社の売買などによって事業スタイルが変わることを事業再編または単に再編といいます。この再編に大きな影響を与えたのが、1998年の独占禁止法改正によって禁止されていた持株会社が原則として解禁されたことです。持株会社とは79ページで述べたように「株を持って他社を支配することが事業目的の会社」、つまりコーポレートガバナンスが本業の会社のことです。これによって2つのことがなされています。

1つは企業グループの再編です。日本では上場大会社が膨大な数の子会社を持つようになり（161〜162ページ参照）、さらにはその子会社の一部が証券市場からエクイティ

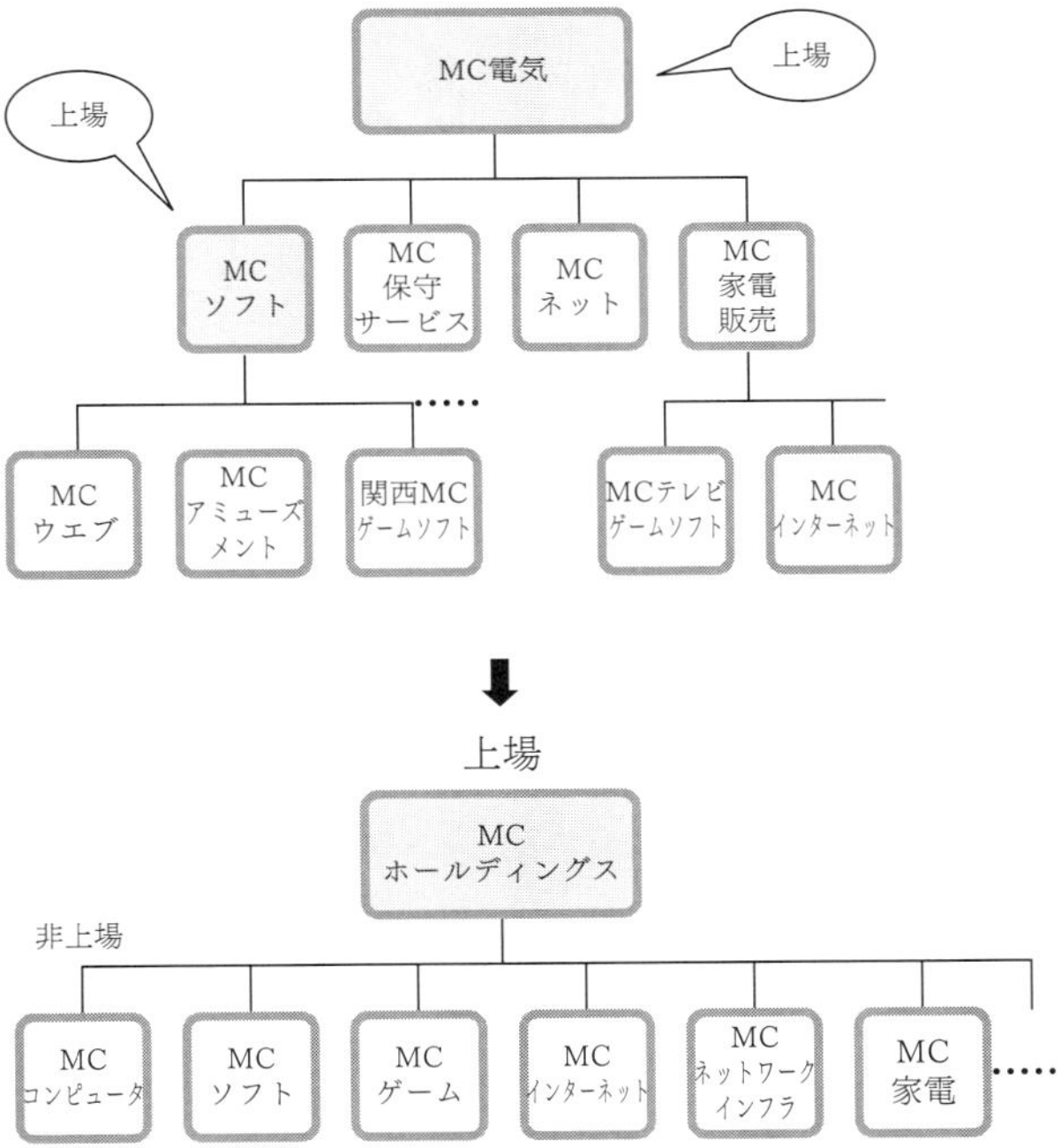

ファイナンスを得るために、子会社のまま（「親会社が経営権を持ったまま」＝「子会社の過半数の株を持ったまま」）上場しています。子会社が上場する際も、事業目的を明確にするために孫会社を作ります。こうなると上図・上側のようなMC電気グループで考えると成長分野にはどうしてもいくつかの会社が進出し、場合によっては競合してしまいます。

一方エクイティファイナ

ンスのもととなる証券市場からみると、次のような問題を抱えており、日本の巨大会社の株価が上がらない理由に挙げられています。

まずは投資対象です。投資家がMC電気に投資しても、このカネがいつの間にかMCソフトという上場子会社に流れています（MC電気がMCソフトに出資しているので）。またMC電気グループでゲームソフト事業をやればもうかると思っても、そこにどうやって投資してよいかわかりません。

そしてマネーゲームの難しさです。MCソフトの株は極めて難しいマネーゲームとなります。MCソフトの株価はMC電気という大株主の意向（売るつもりがあるのかどうか）が大きく反映します。しかも通常に証券市場で取引している株が半分（MC電気が半分持っている）しかなく、ちょっとしたことで大きく動きます。

そこで図の下側のように持株会社を用いてフラットな形にして子会社上場をすべてやめ、MCホールディングス[*1]がグループを代表して上場します。これによって証券市場に対してわかりやすくし、投資がしやすいようにするものです。

こうなるとMCグループは証券市場に対して、事業ではなく「MC」というブランド（コーポレートブランド、企業ブランドという）を上場させていることになります。証券市場の投資家はMCというブランドに投資し、MCホールディングスの経営者が、そのエクイティファイナンスで得たカネをどの事業に投資するか（どの会社でカネを使うか）を決めるというものです。エクイティファイナンスをスムーズに行うには、このコーポレートブランドの価値（269～277ページの企業価値とほぼ同じ意味）を上げればよいことになります。

MCグループ側から見れば投資家との関係、つまりIRをMCホールディングスで行い、残りの会社は事業に徹するということです。

＊1．持株会社にはホールディングスという名前をつけることが多い。

合併ではなく経営を統合する

もう1つの持株会社活用法が経営統合です。

2つの会社が1つになることを合併といいます。A社とB社の合併は〝法的には〟新設合併（A社とB社を解散して新C社を作る）と吸収合併（A社を解散してB社と合併。B社を存続会社という）に分かれますが、ほとんどが存続会社のある後者です。

ただし一般には、これとは違う観点で合併を2つに分けています。法律のように存続会社の有無ではなく、やや感覚的ではありますが「実質的にA社がB社に吸い込まれること」を吸収合併、「対等な関係のもの」を対等合併とよんでいます。吸収合併は片方の会社がもう1つの会社のコーポレートガバナンスを得るというもので、実質的には買収と同じこととなります。そこで買収と合併を合わせてM&A（Merger & Acquisition）といいます。

持株会社を使うと合併に近い形でありながら、各社の社名を残し、かつ対等な感じを持たせることもできます。それはA社とB社が共同で持株会社AB社を作り、そこにA社とB社の経営権（コーポレートガバナンス）を持たせるものです。これを経営統合といいます（左図参照）。

経営統合のように新会社を作って株をそこへ移すこと（A社株とB社株がAB社へ移る）を株式移転といいます。

グループ再編、経営統合のいずれの場合でも、できた持株会社は株式交換というエクイティファイナンスによって、自らのカネを使うことなく他社をそのグループに入れることが可能です（持株会社の株を発行してその株で他社の株を買う）。また配下の子会社の株を売ることでカネ（エクイティファイナンス）を得、それを別の事業に使うことも可能となり

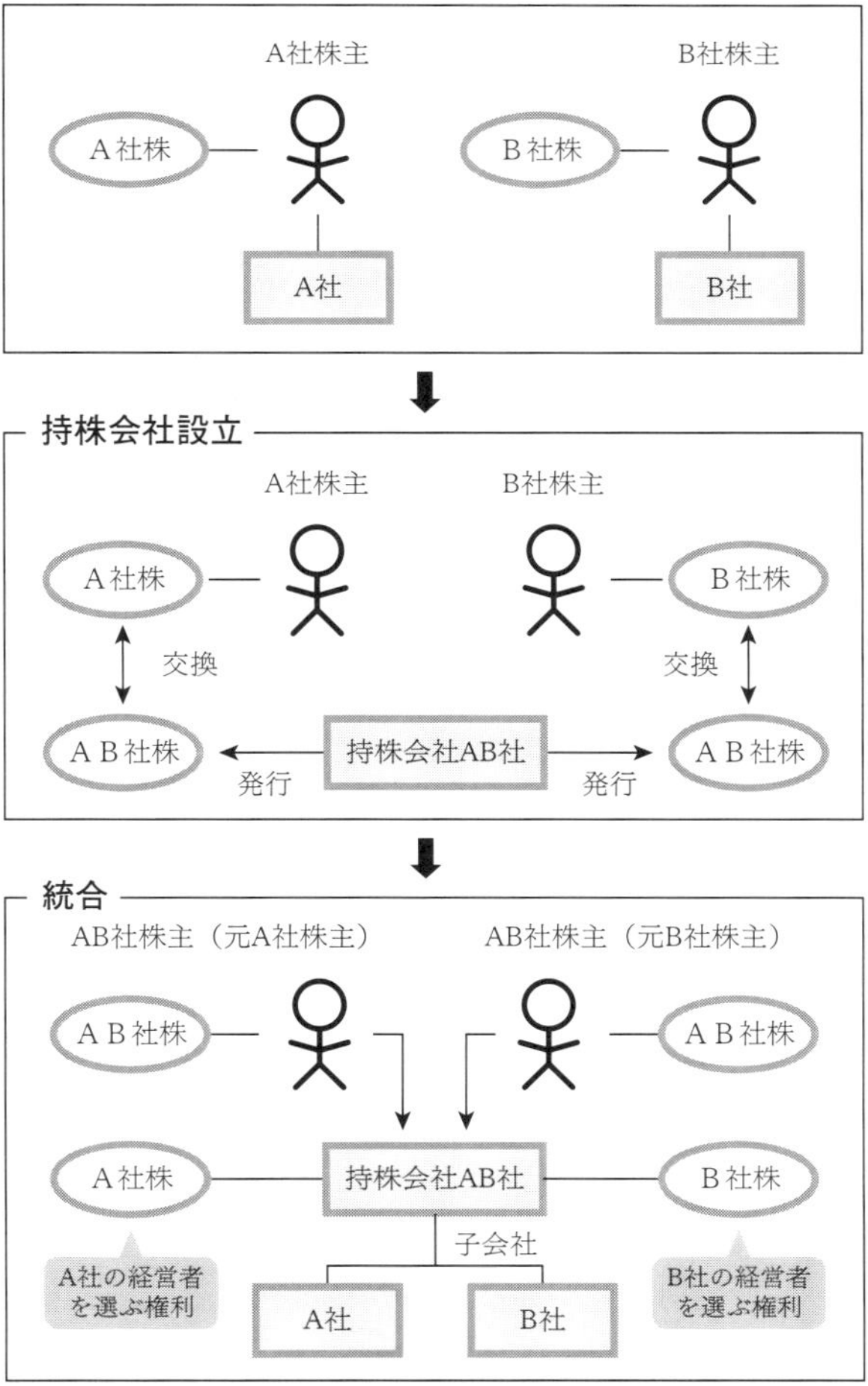
A社株主
B社株主
A社株
B社株
A社
B社
持株会社設立
A社株主
B社株主
A社株
B社株
交換
交換
ＡＢ社株
持株会社AB社
ＡＢ社株
発行
発行
統合
AB社株主（元A社株主）
AB社株主（元B社株主）
ＡＢ社株
ＡＢ社株
A社株
持株会社AB社
B社株
子会社
A社の経営者を選ぶ権利
A社
B社
B社の経営者を選ぶ権利

ます。

証券市場のメンバー

エクイティファイナンスを証券市場で考えてみましょう。

証券市場ではあたり前ですが、投資家は株を買ってからそれを売ります。この買う瞬間も投資といいます。40ページで述べたものが会社の資産投資なら、これは投資家の株式投資です。そして投資家はいつか株を売り、65ページで述べたように「買った値段と売った値段の差」でゲームの結着がつきます。

しかし証券市場は「売って入ってきたカネ」でもう1度別の株を買い、ゲームを続けて欲しいと考えます。そのためこのゲームを〝運用〟と表現します。買ったり売ったりを繰り返すイメージです。

そろそろ投資家を定義すると「経営権の取得が目的ではなく、証券市場でカネの運用を行う人たち」となります。投資家には2つのタイプがいます。

1つは機関投資家とよばれる人たちで、この運用を職業としているプロフェッショナルです。一方、本職ではなく、ビジネスや仕事でもうけたカネを、少し増やしたいために投資するアマチュアを一般投資家といいます。

機関投資家の多くは自らのカネではなく、主に〝他人のカネ〟でゲームを行います。証券会社、投資顧問会社、[*1]信託銀行、[*2]投資信託会社、[*3]ファンド[*4]などがあります。

この他、本業は別にあるが〝他人のカネ〟を運用しているセミプロもいます。93〜95ページにある金融機関のうち上記以外の保険会社、銀行、農協などです。このセミプロも機関投資家に入れると、一般投資家は個人投資家とよばれます。

多くの上場会社は、株をうまく買ってうまく売るマネーゲームのプロ、セミプロよりも個人投資家に株を買って欲しいと考えています。短期的な株価の変動に着目するプロよりも、自社を愛し、将来に夢を持ってくれる個人投資家が株主になってくれるよう願っています。自社に期待している人が株主になれば、すぐには売らず長期的に株を保有してくれます。株が売られなければ株価は安定し、長期的に見ればゆっくり上がっていきます。そのため株主優待（自社商品が安く買えたり、無料提供されるというサービスが受けられる。プロの投資家はあまり興味がない）や高配当（買ってすぐに売るタイプには意味がない）を考えています。

＊1．投資のコーチをしてくれる会社。これは証券会社もやっている。

＊2．93～95ページで述べたように資産の管理・運用を行う。もちろん株もその対象。

＊3．自社および証券会社、銀行などが集めたカネを1つにまとめてどうやって運用していくかを決め、信託銀行にその運用を任せる。

＊4．39ページで述べた資金という意味ではなく、投資信託会社のような形態を行う企業やカネの集め方のことをファジーに使っている。マスコミなどが使う時は、このうちで「ごく少数の大口投資家からカネを集めて運用するプロフェッショナル」をファンドとよんでいる。

●借金のしくみはどうなっているのか

次はデットファイナンスの代表選手「借入金」であり、企業が金融機関などから借りた借金です。

「営業部長に取引先の与信はどうなっているかと聞かれたけど、どういう意味なんだ？」

「そういえばこの間経理部が顧客との契約書を見て、『債務不履行に対する担保条項はどうなってるんだ』って聞いてきたけど……。何のことだ？」

借金に関しては債権、債務、与信、担保、抵当……といった法律用語が日常のビジネスでもよく出てきます。まずはこの用語から整理してみましょう。

「人が人に対して何らかの行為を請求できる権利」を債権、逆に「人が人に対して何らかの行為をしなくてはならない義務」のことを債務といいます。

この債権、債務を生むものが契約です。例えば商品の売買契約は、買い手は売り手に対し「モノをもらう」という債権と「カネを払う」という債務を持ち、一方、売り手は買い手に対し「モノを渡す」という債務と「カネをもらう」という債権を持つことを契約するものです。

この債権、債務という言葉が使われるもっとも典型的なものが金銭消費貸借契約、俗にいう借金です。借りる方は借入、貸す方は貸付、これによってカネが流れることを融資といいます。借金は貸し手が「カネを一定の時に返してもらう」という債権（一般に債権というとこの「カネを返してもらうこと」を指すことも多い）を持ち、借り手は「一定の時に返す」という債務（借金のことをこうよぶことも多い）を持つという契約です。

返してくれるかをチェック

債務の特徴はそれを実行しない（これを債務不履行という）からといって、それが直接の犯罪にはならないことです。全財産を売り払っても借金を返せない時は、後で述べる破産といった形で許してもらえます。

このように貸したカネが返ってこないことを〝貸倒れ〟といいます。この貸倒れに対応するために、貸し手からすると次の2つのことが必要になります。

1つは「カネを貸した相手が返済できるかどうかを見極めること」であり、これを与信といいます。与信は「信用を与える」という意味です。「貸したカネが返ってくる」という〝あたり前といえばあたり前の信用〟（credit：クレジット）を与えるということです。

与信のための手法として用いられてきたのが財務分析（ファイナンシャルアナリシス、つまりファイナンスの分析のこと）であり、それがうまく機能しなくなったので注目されているのがキャッシュフローです。ともに会計が理解できないとわからないので第5章で述べます。

返せない時はモノで保証

与信してカネを貸したのに、その後その信用が何らかの理由でなくなり、貸倒れが発生することを信用リスクといいます。

貸倒れ対応の2つ目は、信用リスクが発生したらどうするかをカネを貸す時に決めておくことです。これが担保です。担保は一般的には「将来のリスクに対して、それを補うことを保証する」という意味で、借金でいえば相手がカネを返せなくても大丈夫なようにするということです。

借金の担保といえばいろいろな手立てがありますが、モノ、ヒト、カネという大きく3つに分けることができます。

まずはモノで担保する場合です。借金の契約で、債務不履行時のために（借金を返せなかった時のために）物権[*1]についても契約するもので、2つのパターンがあります。

1つは「質」です。借り手が担保として提供したモノを、借金している間は借り手が使用できなくなり、カネを返すことができなくなった時に所有権が移転するものです。質屋の「質」です。

モノの担保のもう1つは「抵当《ていとう》」で、借り手が担保として提供したモノを、提供している間も借り手がそのまま手元において使用できるものです。カネを返すことができないと所有権が貸し手に移転します。多くの企業では質ではなく抵当によって金融機関から借入れをしています。抵当となるのは不動産*2が第一です。

抵当の中には根《ね》抵当とよばれるものもあります。企業が特定の金融機関から借りる時、担保とした抵当に対し、限度額（最大の借金額）を決めておいて、カネが必要になった時に限度額内ですぐに借りることができるものをいい、よく使われています。例えば1億円相当の土地を抵当に入れれば、1億円の借金ができます。しかしとりあえずは1000万円だけカネが必要な時には、「根抵当1億円で1000万円借りる」というものです。

＊1．ヒトがモノに対して持っている権利。この代表が所有権。
＊2．土地およびそれに付帯する建物など。

バブルが生まれ、そしてはじけた

この土地抵当による借金が20年前のバブルを生んだといえます。簡単にいえばこんなイメージです。

「1000万円の土地を抵当に1000万円の借金をする。この土地が値上がりして2000万円の価値（売れば2000万円になる）となれば、売らずにこの土地を抵当に1000万円の追加借金をして、その1000万円で新たな土地を買い、その土地を担保にまた1000万円借金をする。その土地が2000万円に値上がりしたらまた1000万円追加借金して土地を買って……」。まさに土地の価格の上昇とともに、カネが泡（バブル）のように膨らんでいきます。しかも皆が土地を買いたがるので、土地の価格が上がり、これを「土地は値下がりしない」という土地神話が支えました。

証券市場が発達していく中で、多くの大企業はデットファイナンス（返すカネ）からエクイティファイナンス（返さないカネ）へとシフトし、銀行からの借入れを不要としていきました。そこで銀行は土地に対する貸付を積極的に行っていきます。土地を持っているオーナー型の中小企業へ、そしてこの魔の手（いいすぎか）を、ビジネスに土地を必要としている大手小売業、ゼネコンなど上場企業へ広げ、土地への投資を促しました。この土地融資は信用創造[*1]を生むだけでなく、土地所有者に「自分はカネ持ち」という心理が生まれ、消費がどんどん刺激され、景気がぐんぐん上昇していきました。またこのバブルが生んだカネが証券市場のマネーゲームにも流れ、買い手が増えることで株価はどんどん上昇しました。

そしてバブルは崩壊します。膨れあがりすぎた信用創造によるカネを抑えるべく、国が金融引き締め[*2]を行ったことがきっかけです。そしてバブルの時と全く逆の現象を生み、地価の下落、景気は悪化し、そして株価は暴落しました。

土地を担保に貸付してきた銀行はピンチを迎えます。価値4000万円の土地を担保にして4000万円を貸付していたら、その土地の価値が2000万円になってしまいました。よく考えれば「返ってこない」場合に限って銀行が損するだけのことです。しかし景気が下降していく中で借りている企業の調子も悪くなり、「返ってこないのでは」という信用リスクが膨らんでいきます。これが不良債権とよばれるものです。ここから先はディスカウントキャッシュフローについて述べてからにします（243〜245ページ）。

一方、企業は株価暴落で、99・101ページで述べたようにエクイティファイナンスが苦しくなり、借入金などのデットファイナンスへのシフトを図ります。しかし不良債権を抱えた銀行はこの資金需要に応じる体力がありません。企業のカネは底をつき、企業によっては銀行から「返せ」と迫られ、設備投資が止まり、ヒトを切り採用を止めていきます。こうして景気は最悪となります。これがバブル崩壊後の「失われた10年」とよばれる日本の姿です。
＊１．銀行が貸出しすることによって、社会にカネが増えていくこと。
＊２．国が社会へのカネの供給を減らすこと。

未曾有の金融危機はどうして生まれたの？

20年後、アメリカでも同様のことが起きます。これがサブプライムローンに端を発した金融危機とよばれるものです。

サブプライムローンとは、通常なら住宅ローンの与信に適さない低所得者向けにカネを貸し出すものです。このサブプライムローンでは購入する住宅を抵当として、信用リスクのために通常より金利を高く設定します。しかし最初の数年間は返済額を低くし、以降はぐっと上がるようにします。そして数年後の住宅の値上がりを期待します。

数年後に住宅価格が上がれば、その住宅を売り払ってローンを返済し、さらにまた少し値段の高い住宅（これを抵当にしてローンを組み……）を買うというものです。これによってアメリカに住宅ブームが巻き起こり、このブームが住宅の価格を上げていき……とまさにバブルです。バブルによってアメリカの景気は極限まで上がり、バブルが生んだカネは当然のように証券市場というマネーゲームへ流れ、多くの金持ちが生まれます。

金持ちはさらなる刺激を求めてハイリスク・ハイリターンのギャンブルを求めるようになり、さまざまな金融商品[*1]が生まれ、証券市場で売買されます。そのため証券市場はカネの投資の仕方が極めて難しいギャンブルとなりました。そこで〝大金持ち〟はカネをプロの投資家であるファンドへ預け、ギャンブルを委託します。そしてこのプロが行うギャンブルで〝大もうけ〟が生まれ、マネードリームがアメリカ中に広がります。

やがて住宅ブームは終わり、一気にバブルははじけました。

バブルがはじけ、危機を感じた〝大金持ち〟が、ファンドからのカネの引き上げに入り、ファンドは大ピンチを迎えます。カネの引き上げに応じるためにファンドは株を売りはじめ、これをきっかけとしてアメリカの株価は暴落します。また彼らは日本株ももちろん持っていた（この外資系ファンドを日本ではハゲタカなどとよんでいました）ため、これも売りに入り、日本の株も大暴落となりました。そしてこのファンドを上客としていた証券会社もピンチとなり、ついにリーマンブラザーズという巨大証券が破たんすることで、世界中で金融不安（金融機関は危ない）が起こり、「未曾有の金融危機」を迎えます。

＊1．金融機関が扱う商品のこと。預金、保険、株、債券などがその代表。右記の〝さまざ

まな商品〟はこれら伝統的な商品から「派生した商品」という意味でデリバティブ（金融派生商品）という。

保証人を立てる

ちょっと話がそれました。担保に話を戻しましょう。モノの担保の次はヒトによる担保です。この場合は保証という表現をします。保証するヒト（法人も含めて）を保証人、保証人が負う債務を保証債務といいます。保証債務には３つの特徴があります。

１つ目は主たる債務（カネを借りているヒトが持っている債務）がなくなれば、自動的に消滅することです。つまりカネを借りているヒトが返せば、保証人でなくなるということです。あたり前といえばあたり前です。

２つ目は主たる債務が移転する時は、それに伴って保証人の了解なしに自動的に移転することです。債権者（債権を持っているヒト、つまりカネを貸したヒト）が別の人に債権を譲り渡すと、保証債務も自動的にセットで動くということです。優しい貸し手の保証人になったつもりでも、突然予告なく〝恐い貸し手〟に変わることもあるということです。

３つ目は、保証人は主たる債務が履行《りこう》されない場合に、はじめて履行の義務を負うことです。つまり借りたヒトが返せない時だけ返せばよいということで、これを補充性といいます。補充性は催告の抗弁権（いきなり保証人に請求してきたらカネを借りたヒトに請求するように言える）と検索の抗弁権（カネを借りたヒトの財産を差し押さえて換金することを求め、それでもダメな時だけ払う義務がある）という2つの権利から成ります。

連帯保証人という言葉を聞いたことがありますか？　連帯保証は債務保証とは違って、保証人が債務者と連帯して債務を保証することです。平たくいえば、本来の借り手と一緒に借りたのと同じです。連帯保証人に補充性はなく、催告の抗弁権も検索の抗弁権もありません。そのため債権者（貸し手）は本来の債務者（借りたヒト）に請求せずに、いきなり連帯保証人に請求することができ、連帯保証人はこれを拒否できません。

中小企業が金融機関から融資を受ける時は、抵当のみならず保証人を求められることがほとんどです。そしてオーナー会社[*1]の場合は、会社という法人の借金についてオーナーという個人が連帯保証人となることが普通です。54ページでいえば有限責任のはずの株式会社が無限責任になってしまうということです。

もう1つの担保がカネです。これは借入というよりも「支払い」という債務でよくとられるものです。もっともポピュラーなものは店舗やオフィスを借りる時に払う保証金です。家賃などの支払いをできない時に、このカネでその債務を履行してもらう（保証金を家賃にあてる）というものです。出て行く時（その契約が終わった時）に返されます。出す方から見ると「差入保証金」、受ける方から見ると「預り保証金」といいます。

＊1．個人の大株主（100％株主のことも多い）が、社長などの経営者のトップに立っている会社。この人を会社の所有者という意味でオーナーという。中小企業の多くはこのパターン。

借金を科学する

企業は48ページで述べたように「特定の目的を持って、計画的かつ継続的に営業する組織」と定義されます。企業をカネの面から見るとこの「継続的に」がキーワードです。

企業のカネを借入金に着目して考えてみましょう。企業は外部のカネ（＝資金、a）を見つけて、これを借り入れることで資本（使えるカネ）に変え、資産を買い、この資産を用いてカネ（b）を生み出すといえます。このbによってaを返済し、差額「b－a」が「企業が自由に使えるカネ」（内部ファイナンス）となります。見方を変えれば「b－a」というカネを獲得するためにaを必要としたものともいえ、このaを元金といいます。

一方このaという元金のために、借り手が貸し手に払うカネの使用料を利子[*1]（i）といい、元金に対する利子の割合を利率[*2]などといいます。また元金と利子の合計を元利といいます。

当然のことながら「b－a＞i」でないと利子は払えません。

貸す方（金融機関）から見ると「b－a＞i」となる企業には返してもらわないで、もっといえばどんどん貸して、どんどんカネを増やしてもらった方が得です。これをレバレッジ効果といいます（レバレッジは「てこ」のこと）。

「b－a＞i」の企業から見ると、カネを返さず、つまり「b－a－i」ではなく、利子だけを払い続け「b－i」を使い続ければ有効です。さらにこのbをもっと増やしていけば、つまりどんどん借りるカネを増やしてレバレッジで増やしていけば、企業はどんどん大きくなっていくといえます。これが企業が急成長していく時の資金需要メカニズムです（このカネを増やす努力を、ビジネスではなく買った資産価値の向上だけでやっていくと120～123ページで述べたバブルとなります）。

この時そのカネは企業にずっと存在し、資産として使い続けることになります。貸し手も何らかのアクシデント（倒産など）がない限り貸し続けるつもりなので、万一のアクシデントに備えて、そのカネで企業が購入した資産を抵当（もちろん借り手企業が使い続けてよく、アクシデントの時に貸し手に渡す）として信用リスクを担保することになります。

成長企業がカネを借りる時のイメージは「買うモノを担保にしてカネを借りる」というものです。新工場を作るなら新工場（その土地も含めて）を担保に借金するということです。

企業は常にカネが不足しており、カネさえあれば、ビジネスを遂行することによってカネを増やすことができる組織と見ることができます。

一方、社会にはカネがあってもそれを増やす手立てを持っていない人もいます。これが大衆です。最近は企業の中にもビジネスでカネを増やす方法が見つからず、カネが余っている企業もあります。科学的カネ理解法ではカネが余っているヒト、企業すべてを大衆と表現します。

そう考えれば企業は大衆からカネを調達し、資産に変えていく、つまり投資するのが社会のあるべき姿といえます。しかし大衆のカネを集めるといっても、どうやってその大衆を見つけてよいかわかりません。このカネの余っている大衆を企業に代わって探してくれるのが銀行です。

こういった形でなされるファイナンスを間接ファイナンス[*3]（indirect finance）といいます。つまり大衆（カネがある）⇓銀行（カネを集める）⇓企業（カネを使う）というものです。

一方、銀行などを介在せず、大衆から直接カネを集めるものは直接ファイナンス[*3]（direct finance）といいます。直接ファイナンスにはエクイティファイナンス（企業が株主から直接カネを調達）の他にデットファイナンスとしての社債があります。

＊1．利息、金利も同じ意味。英語ではinterestなのでよくiで表す。
＊2．利子率ともいう。金利がこの意味で使われることもある。英語ではinterest rates、iに対してrで表す。
＊3．間接金融、直接金融と訳すのが一般的だが、95〜96ページの内部ファイナンス、外部ファイナンスと同様にこういう表現とする。

社債と預金のどちらが得か

社債とは会社が大衆に対して直接借金をするものです。

国、地方公共団体がこれを行うと、国債、地方債といい、社債を含めこれらを総称して

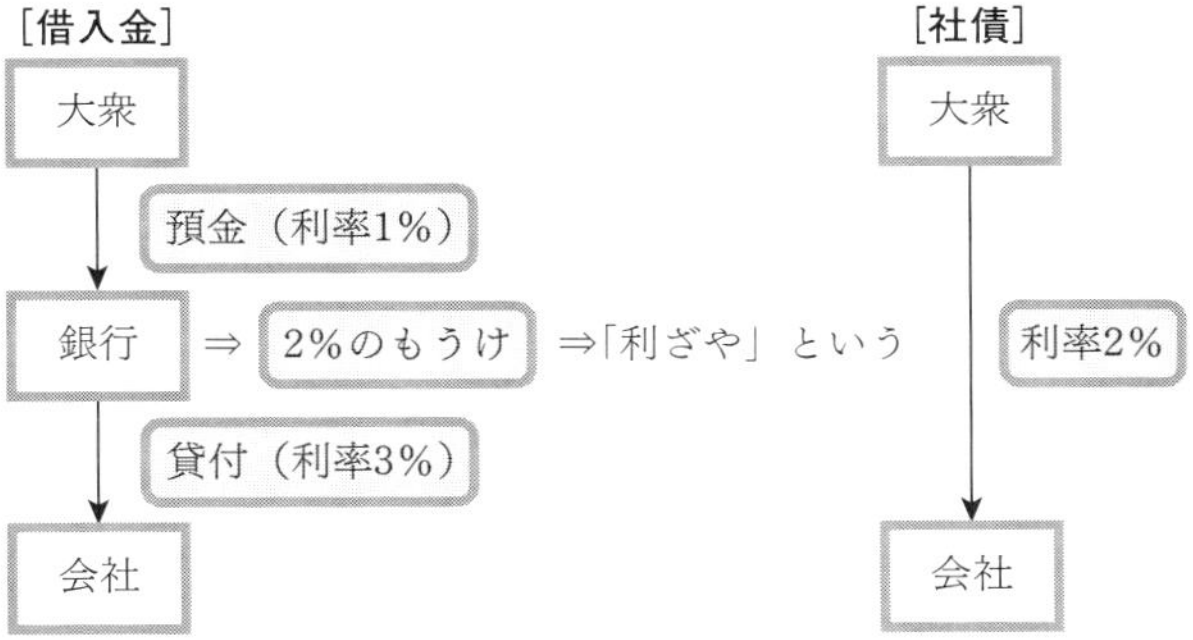

債券といいます。

借入金（大衆から見ると預金）と社債を比較してみましょう（上図参照）。

まずはカネを貸す大衆から見てみましょう。預金より社債の方が利率が高く（銀行が中間マージンをとらないので）有利です。一方、預金はいつでもおろせて（そうではない預金もありますが）社債は返済期限まで返してもらえません。しかし社債も株と同様に証券市場で売買されており、期限前に売ってカネに換えることもできます。

社債のデメリットは、カネを貸した会社がつぶれてしまえば、多くの場合「紙クズ」となってしまうことです。銀行に預金すればそのカネがどんな会社に流れようと関係なく、銀行はカネを貸した会社がつぶれようともカネは返してくれます。

だから銀行は会社という借り手の保証人になっているといえます。そのため銀行はつぶれない（与信）会社に貸し、つぶれても大丈夫なようにする（担保）必要があるといえます。銀行が会社を見る目は、与信、担保の2つです。

121～122ページで述べたように、かつて銀行は与信より確実だと思われた担保を重視、特に土地担保に頼り、バブル崩壊で痛手を負いました。そのため今では与信に着目しています。しかし借金を絶対に返せる企業なんてありません。今カネが足りなくて、カネさえあれば将来増やせそうだから借金をするのです。どう考えても銀行は増やすカネ、つまりキャッシュフローに着目して貸付というビジネスを行うべきです。ここから先は第5章で述べます。

社債には担保が付いているもの（担保付社債）もありますが、ほとんどは無担保社債です。銀行がやってくれないので、大衆が与信をするしかありません。これをプロが代行することを「格付け」といいます。いくつかの格付け機関（格付けのプロ）が、つぶれない度（〝返してくれる度〟であり、これが「格」）をアルファベット（A、B、C……）などで評価しています。格付けの低い社債は利率を高くせざるを得ず（そうでないと貸してくれない）、格付けによって利率が決まることになります。

利率は低いがリスクは高い

今度は借り手の会社から借入金と社債を見てみましょう。

ともに事業がうまく行けば、カネを返すことができますが、うまく行かなければ返せません。どんな時でも返せるほどカネがあるならカネは借りません。

返済時期が来て、カネが不足して返せなくても、銀行から借りた場合は交渉すればよほどのことがない限り、その期限を待ってくれます。つぶせば元も子もなくなります（元は元金、子は利子のこと）。こうして助けてくれる銀行をメインバンクといいます。つまり他の銀行が「返せ」といったら、基本的にはメインバンクがその分貸してくれます。逆にいえば、１２８ページで述べたように会社はカネを借り続けるつもりでいるので、メインバンクが「返せ」といったら借金のあるほとんどの会社はつぶれます。銀行がつぶれてもよいと思って「返せ」というと「貸しはがし」とよばれます。

一方社債の相手は不特定多数の大衆なので交渉のしようがなく、カネが返せなければ会社はつぶれてしまいます。社債は企業にとって「利率は低いがリスクの高いもの」といえます。

デットファイナンスとエクイティファイナンスの中間

社債には今説明したタイプ（普通社債という）の他にも、従来から新株引受権付社債（ワラント債）、転換社債といったものがありました。101～102ページで述べたように法改正によって新株予約権というものがはっきり定義され、この2つもその中できちんとした法的な定義がされるようになりました。この2つはデットファイナンスとエクイティファイナンスの中間的存在です。

新株予約権付社債（従来の新株引受権付社債はこういう名前となりました）は社債（デットファイナンス）と新株予約権（エクイティファイナンス）がセットになっているものと定義されました。発行会社から見れば、新株予約権というオプションが付いているので利率を低くおさえることができます。

転換社債は請求すれば社債を株に転換できるものをいいます。同様にこのオプションにより利率を低くおさえることができます。これを転換社債型新株予約権付社債という名前とし、先の新株予約権付社債の一種ととらえるようになりました。新株予約権の権利を行使する時の株の購入代金を、社債によって払うものと整理されました。いろいろなパターンがありますが、典型的なものは行使価格（株への転換レート）が一定額に決められているものです。株価が大きく上がれば、購入者は社債を株に転換してすぐに売ることで大きなもうけを得ることができます。会社から見ると株価が上がればデットファイナンスからエクイティファイナンスへ転換され、返さなくてよいカネになります。

株価が行使価格より上がらなければ転換せず社債として持っていて、返済期限（償還日という）に貸したカネを返してもらえばよいことになります。会社から見ると株価が下がってしまうとカネを返さなければなりません。

よく考えてみると上場会社は転換社債ではなく、初めから増資でエクイティファイナンスをやればよいはずです。しかし上場会社が新株を発行すれば、株価は下がるのがあたり前なので（99ページ参照）、既存の株主が怒ってしまいます。しかし転換社債なら株価が上がった時にだけ新株が発行されることとなり、既存の株主にも迷惑がかかりません。そのため転換社債もよく使われるファイナンスとなっています。

●企業間信用のしくみはどうなっているのか

最後のデットファイナンスが企業間信用です。

従来から日本では商品の売買は、基本的には同じ相手と繰り返し行い（よく取引先といいます）、この取引をベースとして企業グループが形成されます。このグループを流通系列（最近ではサプライチェーンという）といい、多くの場合最終製品メーカーがその中核を担ってきました。

これをメーカー⇓卸売業⇓小売業⇓消費者という形で商品が流れるケースで考えてみましょう。

このプロセスで最終的に商品を得て、使うのは消費者であり、彼がカネを払うのはわかります。メーカー、卸売業、小売業を仲間、1つのグループと考えれば、協力して商品を売ったのだから消費者の払ったカネを3者で分け合うと考える方がノーマルです。そこで流通の各段階で商品とカネを交換していくのではなく（次頁上図参照）、商品を消費者に渡し終わってから、カネを逆流させて各自がこのカネを分け合うようにします（次頁下図参

商品の売買

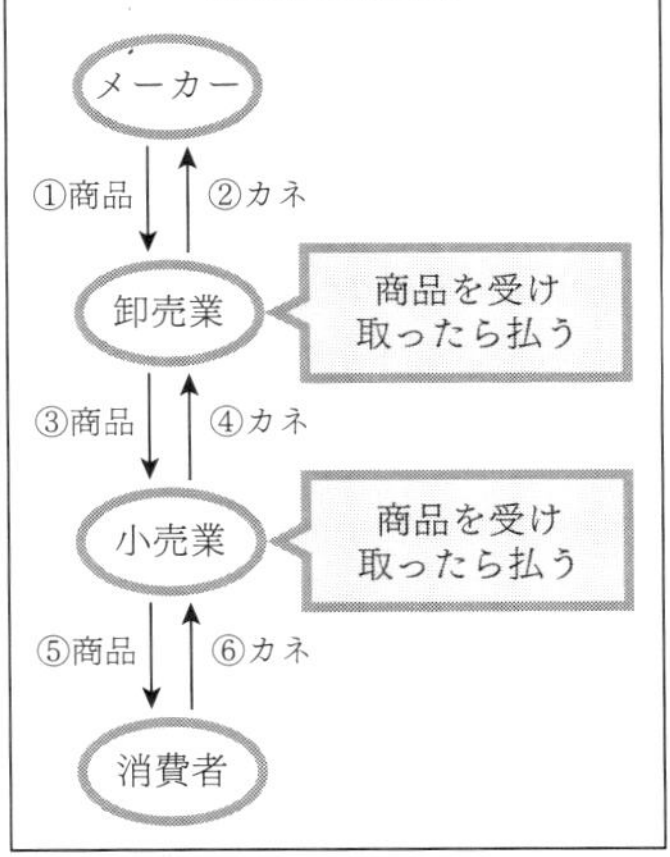
メーカー
①商品
②カネ
卸売業
商品を受け取ったら払う
③商品
④カネ
小売業
商品を受け取ったら払う
⑤商品
⑥カネ
消費者

流通系列

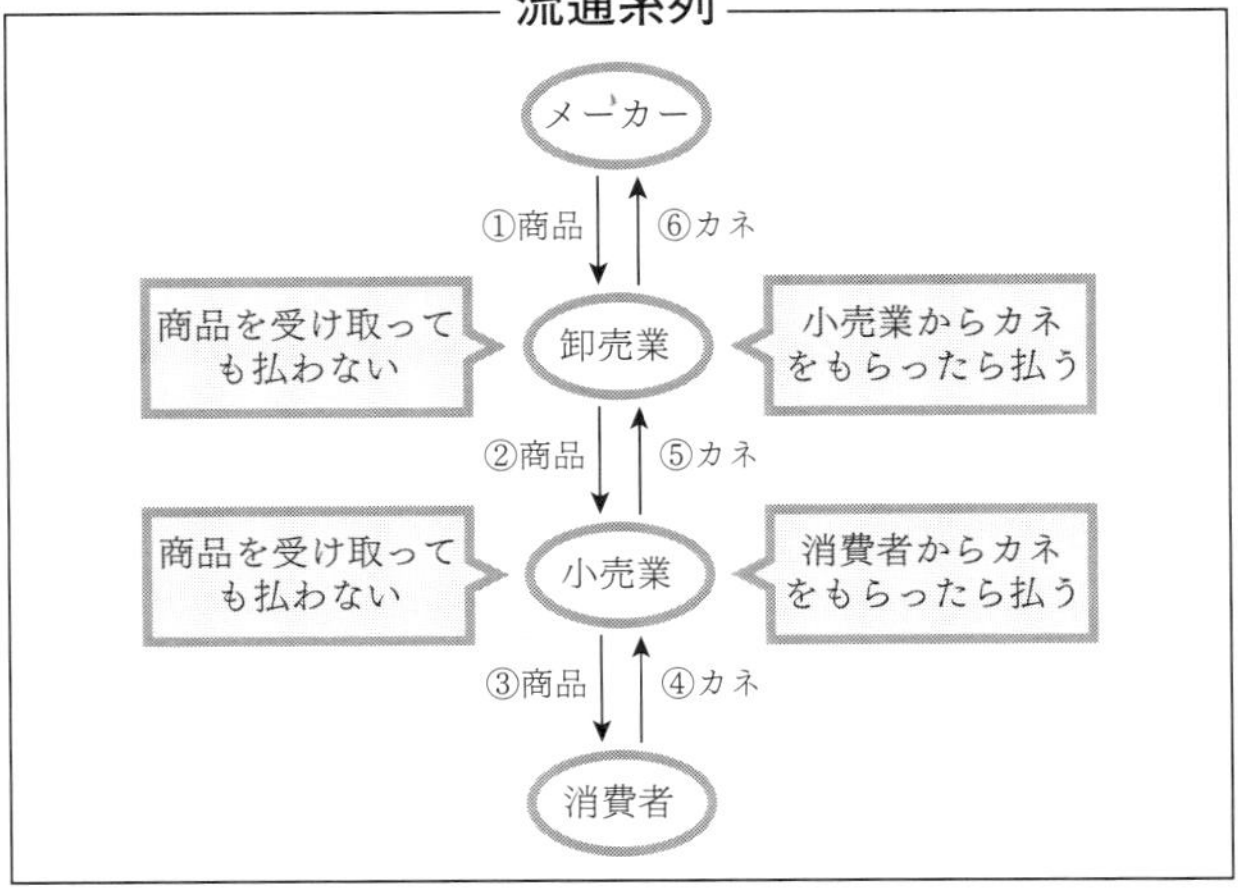
メーカー
①商品
⑥カネ
商品を受け取っても払わない
卸売業
小売業からカネをもらったら払う
②商品
⑤カネ
商品を受け取っても払わない
小売業
消費者からカネをもらったら払う
③商品
④カネ
消費者

照)。

例えば卸売業から見れば、商品の仕入代金(メーカーへ払うカネ)は企業のポケットマネーではなく、消費者から逆流してくるカネで払えばよいことになります。

流通系列での常識は「買った時に払う」ではなく「売ったカネで払う」です。これが掛取引(代金を後払いにすること)です。「商品を売ってもらっていないカネ」を売掛金、「商品を買っても払っていないカネ」を買掛金、「商品売買から入出金終了までの時間」をリードタイムといいます。

流通系列におけるリードタイムは上流(消費者から見て遠い方、上の例ならメーカー)ほど長く、日用品(食品など)より耐久消費財(自動車など)の方が長くなります。

ここで系列のうちの誰かがつぶれてしまい、カネが途中で止まってしまうと大変です。そこでメーカーは取引開始時に卸売業がつぶれないかをチェックし(与信)、卸売業は取引開始時に小売業を与信し、後はそのメンバーで取引を続けていくというのが流通系列です。

メーカーは小売業がつぶれても損害をうけるので、場合によっては卸売業から担保(保証金が多い)をとります。この与信をさらに確実にするのが後で述べる手形です。

買掛金のように「買っても払わない」ということは「買ってから払うまでのリードタイム期間だけ、仕入先からそのカネを調達した」とも考えられます。そのためこれをデットファイナンスの一種と考えて、企業間信用といいます。

リードタイム内には必ず売る

手形[*1]とは法律上の一定要件を満たした〝借用書〟です。手形は先ほど述べたような商品売買における企業間信用でもっとも多く見られる手段です。この手形は常時取引している流通系列ではなくても掛取引ができるように、その掛のルールを法律で厳密に定義したものといえます。

小売業のA社が卸売業のB社から商品を仕入れ、支払いを90日後とし、A社（振出人という）からB社（名あて人という）に100万円の手形を発行するというケースで考えてみましょう。この時この手形をA社から見て支払手形、B社から見て受取手形といいます。

90日というリードタイム（サイト、風速などという）はA社が90日以内に商品を売り、その代金が入ってくること（そのカネで払う）をB社に約束するものです。A社はこの商品が90日以内に売れないと、期日にB社へ払うカネがないかもしれません。だから売る方のB社としては「売れなかったらどうやって払うんだ」とA社に言いたいはずです。しかしB社（卸売業）はA社（小売業）に「うちの商品は絶対に消費者に売れるから、お宅の店に置いてくれ」と折衝《せっしょう》しているはずです。だからA社は先ほどのB社の問いに対しては「『売れる』と言ったでしょう。3ヶ月も店に置いて、その商品が売れない可能性なんてあるの？ そんな売れない商品はうちの店に置かない」と言い返すはずです。

手形などの企業間信用のリードタイムは「まあこの期間なら売れる」ということを売り手と買い手が合意していることになります。だから前に述べたように日用品（毎日売れる）より耐久消費財（なかなか売れない）の方が、当然リードタイムは長くなります。

＊1．正確にいうと本書で述べているのは、手形の一種である約束手形。

手形は流通する

手形には「誰が誰にいついくら払うか」という情報の他にも、「どこで払うか」が書かれています。これには〝当座預金〟とよばれる、商品売買の入出金をする銀行口座が用いられます。

手形は支払日（満期という）の前でも、手形の所有者（貸し手）が銀行などに持って行って現金化することも可能で、これを手形割引といいます。ここでは手形満期までの利子を払う必要があり、これを割引料といいます。

手形の最大の特徴は流通です。先ほどの例でB社が商品を仕入れたメーカーC社に100万円の支払いをしなくてはならない時、B社はこのA社発行の手形で支払うことも可能です（もちろんC社が了解すればですが）。手形はあたかも現金のように〝支払い〟に使うことができます。この時B社は「C社へA社に対する債権（100万円を払ってもらえる権利）を移す」旨を手形の裏面に署名します。これを裏書といい、B社を裏書人、裏書によって手形の債権が移ることを裏書譲渡といいます。

さらにこの手形がC社から材料を購入した資材メーカーのD社へと流れ、最後の所有者D社が銀行へ行ってA社の当座預金からカネを受け取ります。[*1]

D社が手形を支払期日（満期という）に持ち込んだ時、A社の当座預金の残高が100万円を切っている場合、この手形は現金にはならず「不渡り」となります。この不渡りを半年以内に2回出すと、A社は銀行取引停止となります。こうなるとすべての銀行との取引ができなくなり、実質的にはA社は事業を続けられなくなります。これが後で述べる倒産の典型的なパターンです。

不渡りになった時、すべての裏書人はその債務を保証しなくてはなりません。つまりB社、C社はA社の借金（手形）の保証人になったことになります。D社にすると振出人である小売業のA社が見知らぬ企業であっても、逆に流通したことでB社、C社という保証人がついたことになり、かえって支払ってもらえる可能性が高まります。

また見方を変えるとA社の与信をB社が、B社の与信をC社が、C社の与信をD社が、という形で直接の取引関係だけで与信を行えばよいことになります。しかし逆にこの状態でA社が倒産するとB社、C社が突然の債務を背負うことになり（これを偶発債務という）、それによって倒産してしまうこともあります。これが連鎖倒産です。

先ほどの手形の割引の時も銀行へ持ち込んだ人は裏書を求められます。つまり手形の割引は銀行などへ裏書譲渡するのと同じです。

＊1．実際にはD社は自分の取引銀行に手形の現金化を依頼し、手形を預った銀行は手形交換所に集まって手形の決済（相互に受け取り、支払いをする）を行う。

デットファイナンスの恐さはカネを返せないとつぶれてしまう、つまり倒産という死を迎える危険があることです。倒産は法律上しっかりした定義があるものではなく、一般的には債務（借金）が履行できない（カネを払うことができない）状態をいいます。典型的なパターンは先ほどの手形の不渡りで銀行取引停止となった状態です。

会社（会社に限らずその他の法人、個人企業を含めて）が倒産状態になって放っておくと債権者が殺到して収拾がつかなくなることがほとんどです。そしてその会社の倒産によって取引先が次々と倒産していくという連鎖倒産が起き、社会的に大混乱に陥る危険もあります。そこで倒産状態になった時は、流れに任せるのではなく「整理」という手続きが必要となります。

倒産整理の手続きは2つの視点から分けることができます。1つは法律のバックボーンがあるかどうかです。これがなく債権者と倒産会社が話し合いで進めて行くことを私的整理（任意整理ともいう）といいます。一方、法律にもとづいて裁判所が中心になって進めて行くものを法的整理といいます。

もう1つの視点は整理の後、その会社を解散して清算するか（清算型という）、残して立て直すか（再建型という）です。

日本では私的整理がもっとも多く、話し合いで清算または再建されます。私的整理の再建型として有名なのが債権放棄です。これは債権者（多くの場合銀行などの金融機関）とその会社が、話し合いで借入金の一部を「なかったこと」にすることで、会社をつぶさず、残りをゆっくりりと時間をかけて少しずつ返してもらうようにするものです。

法的整理の清算型でもっとも有名なのが破産であり、個人、法人すべてが対象です。破産法にもとづいて、裁判所が選任する破産管財人によって財産は処分され、債権者にそれが分配されます。この破産を自らの意思で申し立てること（「もうだめだ、借金を返せない」）を自己破産といいます。会社には破産法ではなく会社法にもとづいてもう少し簡単に手続きを行うパターンもあり、これを特別清算といいます。

法的整理の再建型には2つのパターンがあります。1つ目は会社更生法にもとづくもので、取引先が多く倒産による社会的影響が大きい大規模な株式会社が対象となります。現経営者はクビになって、裁判所の決める更生管財人が経営にあたり再建します。

2つ目が民事再生法にもとづくもので、個人、法人すべてが対象です。裁判所は監査委員を選任してチェックしますが、企業の経営は財産処分を除いて現経営者が行うこともできます。これが会社更生法と大きく異なる点です。また会社更生法に比べると手続きが簡単で、早期に完了します。そのため大会社でも採用するケースが増えています。

再建型で私的整理と法的整理の中間に位置するものとして、2007年から事業再生ADR[*1]という制度が生まれ注目されています。これは倒産会社と債権者の間に第三者が入って会社を再建していくものです。

＊1．Alternative Dispute Resolutionの略。裁判外紛争解決手続のこと。

Coffee Break3

「銀行が変わった」

サラリーマンをやめて独立し、会社を設立してから、銀行とはずっとつき合ってきました。昔は毎日のように銀行マンが私のオフィスに来て、〝ご用聞き〟をして、支払いなどの決済をすべてやってくれていました。我社のビジネスは設備投資がほとんどないので、決済以外の銀行とのつき合いは会社としての借金ではなく、私個人としての預金です。「定期預金をお願いします」といつも言われました。利率はたしか年6%か7%だったと思います。それでも別の銀行が来て「利率をもう少しのせます」と言い、それを聞いた日参している銀行マンが「うちはさらに……」と言って金利競争をやっていました。

もう二昔近く前の話です。今はうちの会社は専務（といっても私の妻ですが）が、支払いなどで毎日のように銀行の窓口に行っています。

「全く銀行は待たせるんだから。それにティッシュもくれない。××（消費者金融会社）なんか駅前でティッシュを配ってえらいわよね。それに窓口に並ばないで、2階にすっと通されてる人がいるけど誰なのかしら」

「カネを借りているんだろう」

「銀行は預金者より借りる人の待遇を良くしてるの。ひどいわね。客を客と思わない銀行なんてつぶれちゃうんじゃないの」

「だって銀行はカネ貸してナンボだろう。貸す相手がいなきゃもうからないし、これが大切な客だろ」

銀行もやっと誰が顧客かに気づいたようです。そして私の所にいくつかの銀行から「目利きセミナーをやってくれ」という依頼が入ってきました。貸付先を見つけて、これを〝見極める目〟を育てたいということのようです。

ペイオフ解禁（260ページ参照）あたりから、銀行マンのセールストークも変わってきました。

「定期預金にすると金利はどれくらいなの？」

「ほとんどありません。こんな商品もありますけど」

といって見せるのは国債、地方債、投資信託、そしてさらには生命保険でした。

「生命保険なんて売るの？」

「はい、何でもやります」

国債を買うと、今度は投資信託を勧めてきました。

「私も持ってるんですけど、この間特別分配金がありまして……」

そして私が渋っていると、怪しげな投資コンサルタントを連れて来て、「資産三分法」とかいうことを30分間話していきました。

どこへ行く銀行そして銀行マン……。

第4章
会計を科学する

会計は集計

会計とは26ページで述べたとおり「カネの出入りを管理して、ある時期にその明細を特定の人に報告する」ことです。そして財務会計とは株主および証券市場へ報告する会計です。ビジネスの世界で単に会計といえば財務会計のことを指しています。現代ではこの仕事はコンピュータ中心になされています。というよりも数学者のおもちゃだったコンピュータ（少しいいすぎですが……。円周率を一生懸命計算していました）を、企業で使うきっかけとなったのがこの会計です。

コンピュータの世界で考えると、会計は「企業内に発生するカネに関するデータを人間が入力し、コンピュータが処理して、B／S、P／Lといったレポートを出力する」というデータ処理となります。データ処理にはさまざまなパターンがあるのですが、会計は「集計」というもっとも基本的な処理方式（アルゴリズムという）です。会計データを集計したものがB／S、P／Lです。

「集計」とは「データが左図のように集計キーと数値に分かれていて、同一の集計キーを持つデータの数値を足し上げて、合計値を計算するもの」です。

集計キーは多くの場合階層的[*1]となっています。大区分、中区分、小区分、細区分……といった形です。

会社の部門別売上集計表で考えてみましょう。売上が上がるごとに、データを起こし（コンピュータに入力し）ます。データには集計キーとして、部（大区分）、課（中区分）、営業担当者（小区分）を付け、数値の部分にはその売上の金額を入れます。そのうえで一定期間（月、半年、年）ごとに、同じ集計キー（部、課、営業担当者）のものを足し上げていけば、部別、課別、営業担当者別の集計表が出ます（次頁の図参照）。

＊1．集合の親子関係のこと。親が子を含んでいる形。

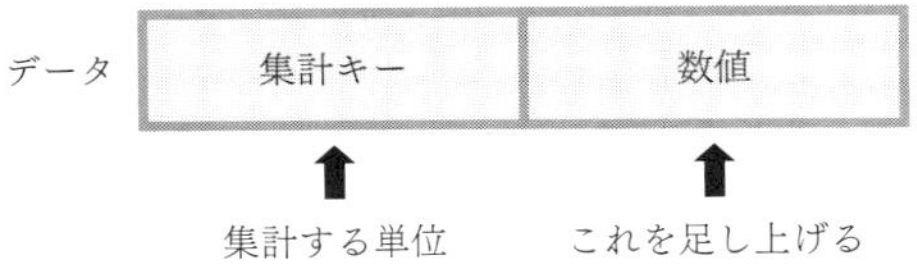

B／S、P／Lは集計表

B／S、P／Lもこれと全く同じ集計表です。次頁の図の「部門」にあたる「集計キー」は、会計データでは勘定（勘定科目ともいう。accountの訳）とよばれます。

勘定は「集計する単位」という意味で、日常会話でも使うことがあり

売上データ

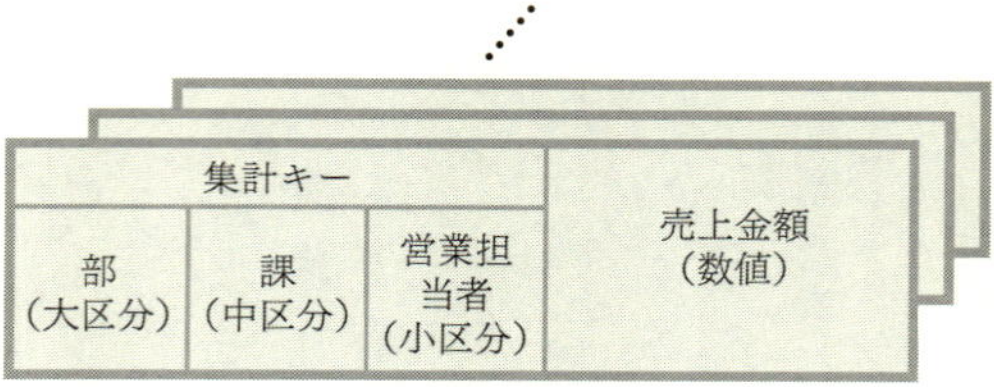

集計処理

部門別売上
集計表

部門	売上金額
営業第一部	78,545,000
一課	24,513,000
山田太郎	7,820,000
内山力	3,456,000
……	
二課	14,520,000
佐藤花子	4,243,000
……	
全社合計	898,286,000

ます。「これは私の勘定ではなく、君の勘定に入れてよ」。

アカウントもビジネスで同じ意味に使われています。企業でアカウントマネジャーといえば、売上、利益、原価といった成績をそのマネジャー単位（彼が率いているチーム）に集計する人です。

会計ではこの勘定単位に集計値が計算されます。数値の部分はカネに関するものなので、すべて単位は〝円〟です。

会計における勘定は大まかな所は標準化されており、細部は各企業のビジネスの実態に合わせて設定されます。ちなみに私の会社では、本をたくさん買うので、「書籍代」という勘定を設定しています。

勘定の大区分は資産、負債、純資産、[*1]収益、費用の5つに標準化されています。したがって会計データはこの5つのうちのどれかに属します。この大区分の内訳としての中区分、小区分、細区分が設定されます。

しかし会計ではこれを1つの集計表とせず、2つの集計表に分けています。1つがB／Sで、資産、負債、純資産を集計表としてまとめたものです。もう1つがP／Lで、収益、費用を1つの集計表とし、「収益－費用」で利益を計算するものです。

「会計を科学する」の第一歩は、この勘定の意味を理解することです。そうすればB／S、P／Lを直感的ではなく、科学的に〝読む〟ことができます。

ここから先はできれば、自分の会社、よく知っている会社、興味のある会社などのB／S、P／L（上場会社のものは有価証券報告書がインターネットでダウンロードできます）を手元において読み進めていってください。そこに本書に書いていない勘定があったら、知っていてもあまり幸せがない勘定なので無視しましょう。

＊1．以前はこの勘定を資本といっていた。

●B／Sはどのようなルールになっているのか

カネにするか使うか

まずはB／Sです。資産という勘定から行きましょう。

資産の定義は40ページで述べたとおり、「カネ（資本）で買った財産」です。だからB／Sに会社のすべての財産が書いてあるわけではなく、「カネで買っていない財産」は入っていません。この代表的なものが「のれん」とよばれるものです。会社がビジネスをやっていくうちに自然に生まれたノウハウ、ブランド、得意先、仕入先といったものです。しかし「のれん」も他社から買えば資産となり、B／Sに計上されます。

資産は「資本というカネ」の使い道を示すものなので、買った値段で書くことが原則です。これを取得原価主義といいます。

資産は40ページで述べたようにキャッシュフローを生む（カネを生む）ために購入するので、「カネへの変わりやすさ」を見ます。これを流動といいます。流動の反対で、「カネになりにくいもの」を固定といいます。

これによって資産を流動資産、固定資産という中区分に分けます。

流動資産は「すぐカネになる財産（カネも含む）」という意味ですが、これを科学的カネ理解法では「カネにすることを目的（取得目的という）に買った財産」ととらえます。

一方固定資産は「使うことを目的に買った財産」で、ビジネスに使うことでゆっくりとカネを生んでいきます。

だから同じ財産でも、取得目的によって流動資産にも固定資産にもなります。自動車を「売る目的」（自動車ディーラー）で買えば流動資産、「使うことが目的」（一般企業）で買えば固定資産です。

ささいな財産はアバウトに

流動資産は「すぐカネになる」ので管理は楽です。しかし使う財産である固定資産は、企業の中に長くとどまっており、使っていくうちに価値が下がっていき、減価償却《げんかしょうきゃく》（226ページ〜）という処理をしなくてはなりません。だから管理するのが結構大変です。おまけに固定資産税という税金を払うために、いちいち申告しなくてはなりません。この仕事を固定資産管理といいます。

建物くらいの〝大モノ〟なら固定資産としてきちんと帳簿につけて管理するのもわかるのですが、ライト、机、いす、キャビネット……など企業で使う財産は果てしなくありません。

さて、企業会計原則というものがあります。会計という仕事をやる上での原理・原則です。この企業会計原則を含め、法律以外の〝会計に関するルール〟のことを会計基準といいます。

企業会計原則は真実性の原則（ウソはダメ）、明瞭《めいりょう》性の原則（わかりやすく）といったごくあたり前の精神論的なものが多いのですが、中には「重要性の原則」というなかなかユニークなものもあります。これは「会計は正確にやるのが大切だが、重要性の乏しいものはアバウトにやってもよい」というものです。要するに「ささいなことはどうでもいい」ということです。これを適用する代表が固定資産です。重要性の乏しいものは固定資産として帳簿に書かないで、「買った瞬間」に使い切ってしまって資産を持っていないことにして、固定資産管理というめんどうくさい仕事をやらなくてよいというものです。

しかしこの「重要性の乏しい」「ささいな」という境目は結構いいかげんで、企業がいかようにも判断できてしまいます。この〝いいかげんさ〟をもっとも嫌うのが税務会計であり、税務署がこの「ささいな」という基準を細かく決めています。これは政策的にしょっちゅういじっているのですが、現在の基本ルールは「購入金額が10万未満の財産」は固定資産ではなく、消耗品費（買った瞬間に使い切ってなくなったと考える）として処理できます（もちろん固定資産として計上しても構いません）。

カネにするための財産はカネになりやすさで分ける

流動資産の下の小区分は流動性の高いもの、つまりカネになりやすいものからB／Sへ並べて書いていきます。

・**現金・預金**……もっともカネになりやすい。

・**受取手形**……139ページ参照。

・**売掛金**……財務会計には「本業（定款の事業目的にあるビジネス）と本業以外に分ける」という基本的な考え方があります。株主、投資家は本業に期待してカネを出資するからです。売掛金とは本業が終わってしまったのに（商品を売った、サービスが終わった。175ページで述べる「売上を立てた」）、入っていないカネのことです。「不動産業ではない企業が、土地を売ってまだ入っていないカネ」のように、本業以外で入っていないカネは未収金（未収入金ともいう）として区分しておきます。

受取手形、売掛金のように売上に伴う債権（カネをもらう権利）を売上債権といいます。

・**短期有価証券**……株、債券など有価証券のうち、「カネにすることを目的」として買ったものです。使うことが目的のものは固定資産に入れます。

・**棚卸資産**……その企業の商品など、「売って」カネにすることを目的として持っている財産のことで、普通は「在庫」と表現されます。あたり前のことですが棚卸資産は売れないこともあり、カネになるとはかぎりません。これに対して上記の現金・預金〜短期有価証券は売れなくてもカネになる（短期有価証券は「必ず売れる」と考えてここに入れる）という意味で当座資産といいます。「当座」という言葉もカネの世界ではよく使われます（140ページの当座預金など）。これも「カネになるスピード」を指しているのですが、流動よりもさらに早い場合に使っています。

棚卸資産には商品（購入して売るモノ）、製品（作って売るモノ）、仕掛品（作りかけのモノ）、半製品（作りかけのモノだが、それ自体をそのままでも売るモノ）、原材料などがあります。

当座資産、棚卸資産以外は「その他の流動資産」と区分され、次のような勘定があります。

・**未収金**（前述）

・**前払費用**……本来払わなければいけない時期よりも前に払ってしまったカネのことで、後で返してもらうと考えます（つまり後でカネになる）。商品を受け取る前に払う〝手付金〟のようなものをイメージするとよいと思います。会計の世界では手付金は商品を受け取る時に返してもらい、商品代金全額を支払うと考えます。これを企業会計原則では総額主義の原則といいます。「もらうカネと払うカネを相殺するのではなく、それぞれ書きなさい」ということです。

使う財産の分類

固定資産のメインは「使うことが目的で買った財産」ですが、この他「カネにするための財産」で本来なら流動資産に入れてもおかしくないものでも、「なかなかカネにならないモノ」(カネになるスピードが遅い)もこの勘定に入れておきます。スピードの境は後の負債に合わせて1年です。カネになるのに1年以上かかるなら固定資産に入れておきます。

固定資産はB/Sに次のような小区分、細区分として書くのが普通です。

・**有形固定資産**……「目に見える財産」という意味で、「使う」という感じがもっともフィットするものです。固定資産というと、多くの人はこれをイメージします。この細区分として、土地(目に見えない使用権のような気もしますが、一般的にはここに入れます)、建物、機械、器具・備品、建設仮勘定(作りかけの建物や機械)……といった勘定にします。

・**無形固定資産**……「目に見えない財産」という意味です。特許権などの権利や外から買ってきた「のれん」(154〜155ページ)などの他、コンピュータのソフトウェアもここに入れます。

・**投資その他の資産**……上記以外の固定資産はここに入れます。投資有価証券（子会社、関連会社以外で経営上長期に保有する株）、子会社株式、関連会社株式、長期貸付金（貸しているカネで返ってくる時期が1年を超えるモノ）、差入保証金（126〜127ページ参照）などがあります。

子会社、関連会社、関係会社という言葉はかなりいいかげんに使っています。科学的カネ理解法では次のように定義します。

まずは親子関係です。A社がB社の意思決定機関を支配している時、A社をB社の親会社、B社をA社の子会社といいます。意思決定機関の第一は株主総会ですから、A社がB社の株の50％超を持っている時[*1]、つまりコーポレートガバナンスを持っている時は親会社です。A社が上場していれば、69〜70ページで述べたようにA社、B社（B社の子会社……も含めて）を1つの会社として連結決算する必要があります。

A社が子会社ではないB社の株を20％以上持っている時、B社をA社の関連会社[*2]といいます。B社がA社の関連会社の場合は、A社はB社を持分法（B社の利益を株の持分に応じてA社に分配する）という方法を使って連結決算する必要があります。

関係会社は本当にいろいろな意味で使っていますが、その会社から見て親会社、子会社、関連会社を総称して関係会社というのがもっとも一般的な使い方です。

＊1．A社の関係者（子会社など）も含めて。また株保有率が40～50％でも、実質的に支配している場合は親子関係が成り立つ。例えばB社の取締役の過半数をA社からの人間で占めている場合など。

＊2．20％未満であっても重要な影響を与えることができる時は関連会社となる。

いつ返すかで分ける

B／Sの2つ目の勘定は負債です。負債はその会社が「払う義務があるカネ」です。要するに広い意味での借金です。

負債はすっきりとワンイヤールールで、流動負債と固定負債に分けます。払う期日が決算日から1年以内であれば流動負債、1年を超えれば固定負債です。

「1年」を境にしている理由は、財務会計ではこのB／Sを株主、投資家が見ているからです。株主にとって、もっとも恐ろしいのは倒産です。真近に返済期間が迫った流動負債が払えなくなった時、会社は倒産します（いつかは固定負債も流動負債になりますが）。株主、投資家がB／Sから「来期の経営者が来期の借金（流動負債）を返すことができるか」を判断できるように、はっきりと分けておきます。

流動負債には支払手形、買掛金（本業に関して払っていないカネ。つまり棚卸資産を買ったが払ってないカネ）、短期借入金、未払金（棚卸資産以外のものを買ったが払っていないカネ）、前受金（前払費用の反対で先に受け取っているカネ、後で返すと考える）……がありま す。固定負債には社債（一般に返済期限が1年を超えているものが多い。1年以内に返す社債はもちろん流動負債）、長期借入金、預り保証金などがあります。

純資産の実体はない

さあB／Sの〝山場〟である純資産です。これがわかればB／Sが読めます。

「純資産＝資産－負債」と定義します。純資産はこのように「資産と負債の差」という計算値であり、実体のないものです。この「実体がない」ということを理解することが第一歩です。

あなたが5000万円の家を、住宅ローンを3000万円使って買いました。この時資産は「家5000万円」、負債は「住宅ローン3000万円」ですので、純資産はその定義から「5000万円(資産)－3000万円(負債)＝2000万円」となります。この時、家（資産）5000万円は目の前にあり、住宅ローン（負債）3000万円もありますが、純資産2000万円はどこにも存在していません。つまり、純資産は〝計算値〟なのです。
純資産とは「私は5000万円の財産を持ち、3000万円の借金を抱えているので、言ってみれば正味の財産は2000万円だ」といった感じです。

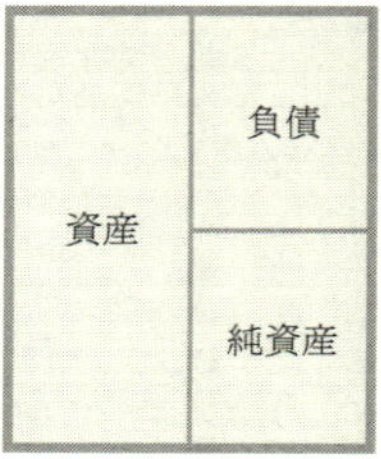

「純資産＝資産－負債」なら「資産＝負債＋純資産」となります。だからB／Sは右上図のようなグラフで表現できます。この「左右が同じ集計値となる」というのがB／Sの構造であり、バランスシートの〝バランス〟という意味です。

ここで「家を買った瞬間」に戻って、ファイナンスから考えてみましょう。5000万円の家（資産）を買う時、5000万円のカネ（資本）があったはずです。5000万円の家を3000万円の借金（返すカネ）で買ったということは、2000万円という「返さなくてよいカネ」、つまり自己資金があったはずです。会社で考えれば、この2000万円は使える状態になっているので資本であり、これを自己資本といいます。つまり純資産は資産を買う時には、自己資本としてあったはずです。住宅ローン3000万円（負債）

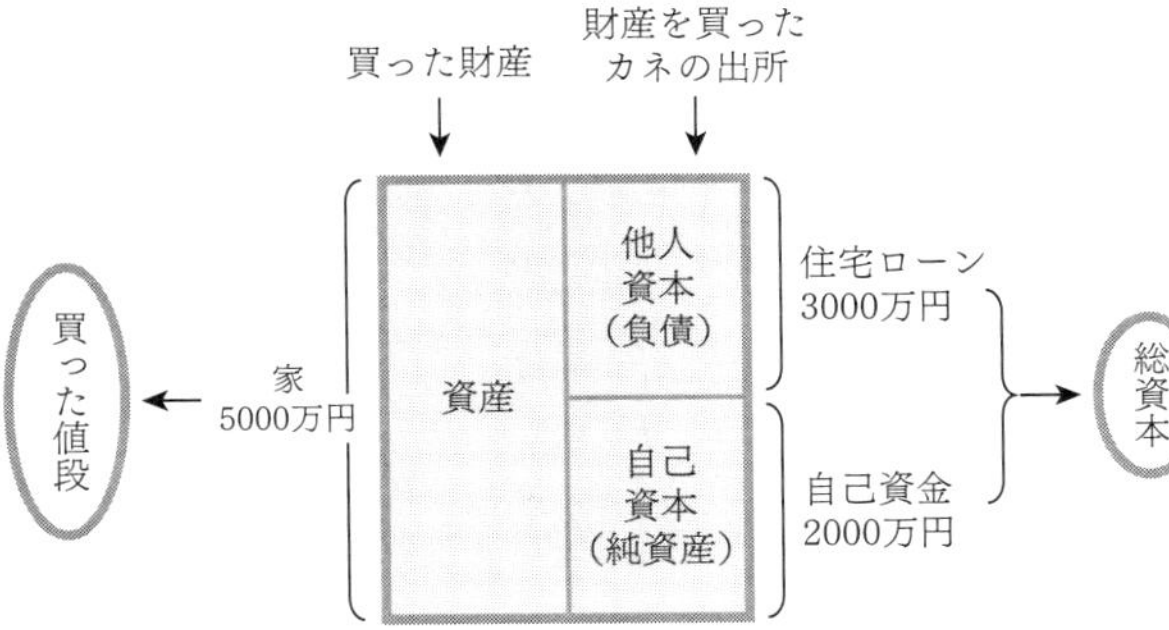

も家を買った時点では使える状態になっていたので資本であり（家を買うために使っているので）、自己資本に対して他人資本（返すカネ）といいます。自己資本と他人資本をあわせて総資本といいます。

会計の負債、純資産はファイナンスでいえばそれぞれ他人資本、自己資本となります。

B／Sは左側が「今持っている財産」なら、右側は「その財産を買った時のカネの内訳」を表しています（上図参照）。

会社において「返さなくてよいカネ」（自己資本）は2つあります。1つは「もともと返さないつもりで集めたカネ」です。58ページで述べたように、資本金がこれにあたります。家の自己資金でいえば「親に出してもらったカネ」です。これが1000万円でした。

もう1つは「会社が自ら生み出したカネ」です。これ

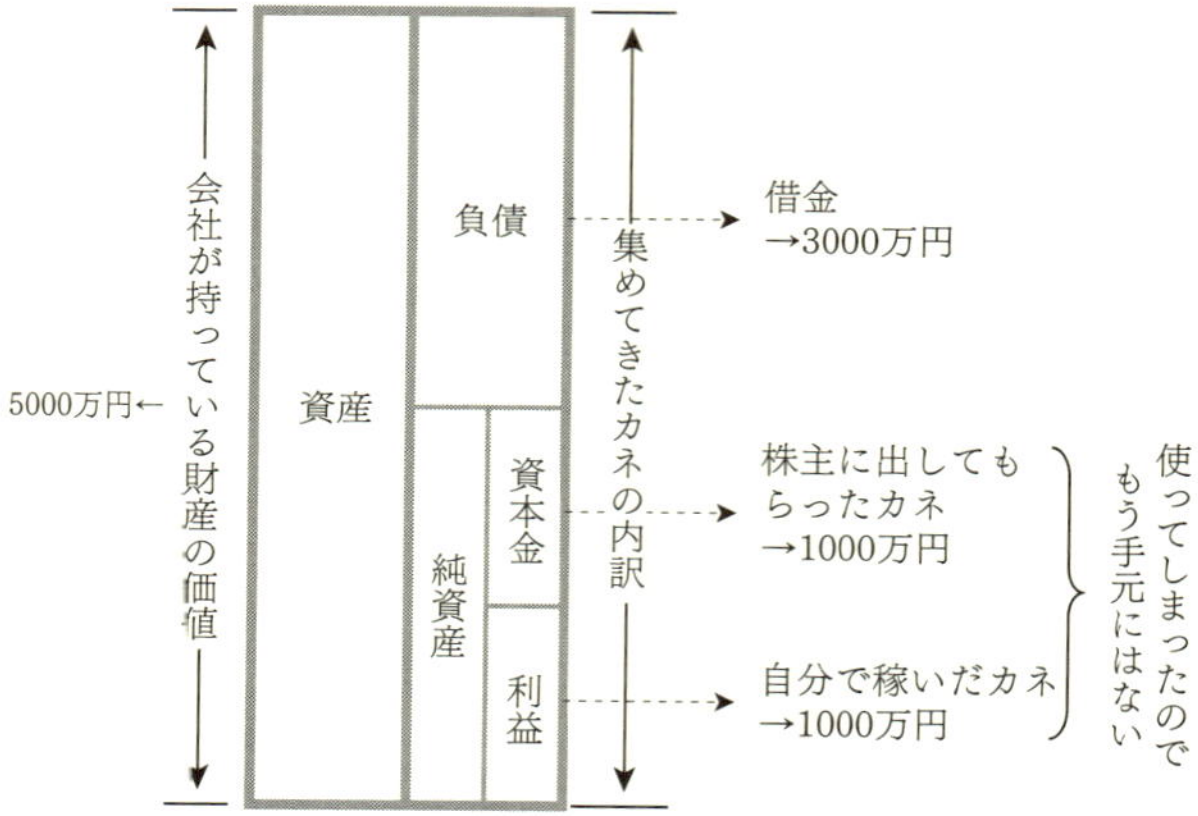

は会社が生み出してきた利益のことです。家の自己資金でいえば「コツコツ貯めた貯金」です。これも1000万円でした。

　つまり純資産（自己資本）という勘定は、資本金と「過去から積み上げた利益」という2つの勘定から成り立つことになります（上図参照）。

　もう一度いいます。純資産は実体がありません。だからその内訳である資本金も利益も実体はありません。資本金（家では親から出してもらったカネ）は家を買ってしまった今となっては、〝家の柱〟となり、利益（貯金）は今や〝家の屋根〟となっています。

清算した残りは株主のモノ

純資産にはもう1つ見方があります。それは株主から見るものです。株主は64ページで述べたように会社を解散して清算する権利があります。清算とはすべての「資産」（総資産と表現する）を売り払い、総負債を返すことです。こうすると純資産が手元に残ります。64ページで述べたように、この純資産は株主がすべて受け取ることができます。

このように財産処分を株主が考える時は、資産を「買った値段」（取得原価主義）ではなく、「その資産をもし売ったとしたらいくらになるか」をベースに書いてほしいところです。この考え方を時価主義、これに則って会計をすることを時価会計といいます。このように会社を解散・清算することを前提として計算された〝純資産〟を〝解散価値〟といいます。

よく考えると、株主はこの純資産を受け取ることができるのに、あえて解散しないということは「解散価値分のカネ」を株主が会社へ出資しているとも考えられます。そこでこの純資産（解散価値）を株主資本ともいいます。

財産の価値が上がると利益が増える

ところでこうやって時価で計算するとどうなるでしょうか。先ほどの例でいえば、50

00万円で買った家が、土地の値上がりで実質7000万円の価値（不動産屋に査定してもらったら、「今売ると7000万円」と言われた）になったとします。時価会計ではこの資産（家）5000万円を7000万円と書き換えます。資産を7000万円の価値としてB／Sに書いても、負債は変わらないので、「純資産＝7000万円－3000万円＝4000万円」となります。資本金は1000万円と変わらないので、過去の利益の積み上げは4000万円－1000万円＝3000万円となります。つまり「過去から積み上げた利益＝資産－負債－資本金」となり、資産価値が上がると増えていきます。

時価会計で考えるとこの「過去から積み上げた利益」という表現は適切ではなく、剰余金（正確には利益剰余金[*1]）という表現が適切といえます。剰余金はsurplus（surは「超えて」plusは「加えた」という意味）の訳であり、〝超えてしまった分〟＝〝増えてしまった分〟という意味です。

株主から見ると、剰余金は「自分が出した資本金1000万円を使って会社のビジネスをやり、それによって資産を増やしてくれた分（3000万円）」となります。利益（剰余金）は計算値というのがよくわかると思います。

＊1．剰余金にはもう1つ資本剰余金がある。これはエクイティファイナンスで得たカネの

うち、資本金に入れなかったもの。一般ビジネスマンは資本剰余金も資本金と考えて問題ない。本書では剰余金といえば利益剰余金を指すこととする。

B／Sの見方

B／Sを整理すると次頁の図のようになります。

B／Sという会計報告書は、報告を受ける人によって見方は異なります。すでに述べてきたことと重複する点もありますが、科学的カネ理解法で整理してみましょう。

・税（社会）から見る（税務会計上のB／S）

B／Sを作る目的は、過失・不正を防止し、所得の妥当性、そして所得に関する税の公平性を保つこと（35～37ページの青色申告参照）にあります。簡単にいえば利益（所得）がどのような形で財産として保有されているかを見るものです。所得というカネの使い道ですので取得原価（使ったカネの額）で書いていないとつじつまが合いません。

・株主から見る（会社法上のB／S）

ここには３つの見方があります。

第１の見方は株主が出資した元手（資本金）を中心とする資本（カネ）が、適正なそし

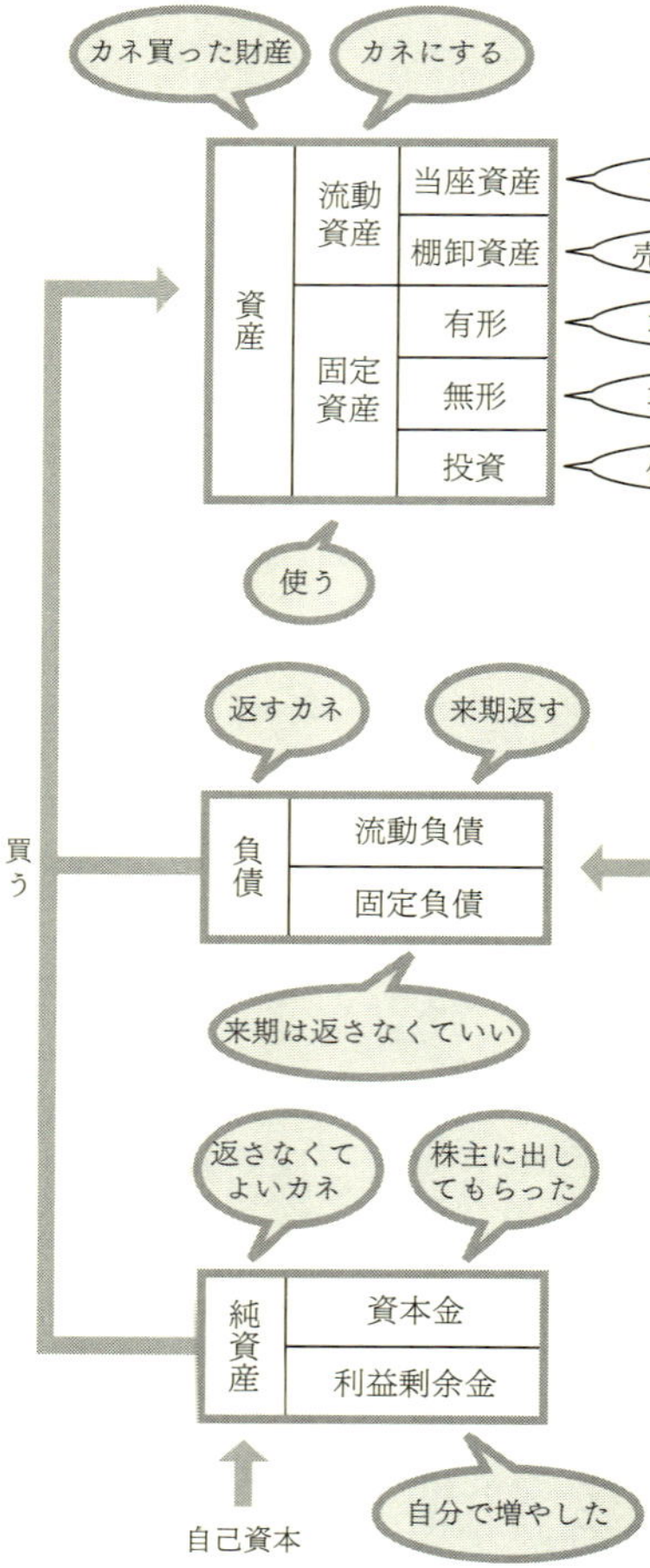
カネ買った財産
カネにする
資産
流動資産
当座資産
棚卸資産
固定資産
有形
無形
投資
すぐカネになる
売ってカネにする
事業に使う財産
事業に使う権利
他企業との関係
返す
使う
返すカネ
来期返す
負債
流動負債
固定負債
買う
来期は返さなくていい
返さなくてよいカネ
株主に出してもらった
純資産
資本金
利益剰余金
自己資本
自分で増やした

て効果的な財産購入に使われているかを見るというものです。したがって「何を買ったかという明細書」としての位置づけがもっとも強く、資産は取得原価で書いておくのがベターです。

第2の見方が倒産の防止です。会社が抱えている借金、特に流動負債が本当に来期返せるのかをチェックするというものです。この時のB／Sの資産は換金度を見るための財産の内訳表であり、資産は取得原価よりも時価で書いて欲しいところです。

第3の見方が解散です。この会社をやめた時どれぐらいの財産が残るかというものであり、この場合も資産は時価で書いて欲しいところです。

・**投資家から見る**（金融商品取引法上のB／S）

投資家から見て最大の関心事は株価です。この株価を見て株を買うかどうか考えることです。第5章で詳しく述べますが、株価は資産価値そのものと、資産が生み出すキャッシュフローによって決まると考えます。したがって設備などの固定資産の内訳が大きな意味を持っています。この場合、資産は何としても時価で詳しく（「建物が全部でいくら」と総額だけでなく、個々の物件について具体的に）書き、「カネで買った財産」だけでなく会社が生んだ〝のれん〟などの財産も時価で書いて欲しいといえます。さらには会社の財産としての「従業員の能力」までもカネで表したいところです。

・**金融機関から見る**

借入金を提供している金融機関としては、118〜120ページで述べたように2つの見方があります。1つは貸したカネが「返ってくるか」です。そのため短期的には流動資産の換金度（流動性＝カネになりやすさ）、長期的には固定資産のパフォーマンス（キャッシュフローを生む度合）がポイントとなります。

2つ目は「返せなくなったらどうするか」です。この時、B／Sは抵当明細であり、抵当権を持っている固定資産の時価を厳密にとらえるとともに、他金融機関に入れている抵当の状況なども知りたいところです。

・**取引先から見る**

B／Sの流動負債にある買掛金、支払手形などを債権として持っている取引先としては、この流動負債を流動資産、できれば販売不振でもカネになる当座資産で返済可能かを見たいところです。しかし実際にはもっと大切なことがあります。

会社が仮に自らの力でその流動負債を返済できなくても、金融機関がカネを貸してくれれば返すことはできます。ここでは金融機関などから借りている借入金の量と質がポイントになります。借入金の多い会社は返すのが大変そうですが、逆の見方をすれば金融機関が正当に貸している（128ページで述べたように金利を払い続ける限り借りていて欲しいはず）カネが多いというのは、金融機関からの信頼がある（返済できると判断＝与信）と見ることもできます。よく言われる「借金も財産」とはこういう意味です。

・会社から見る

「会社の成績表」としてのB／Sが、一般のビジネスマンにとってはもっとも大切な見方です。この場合「カネの調達＝ファイナンス」と「カネの運用＝投資」としての見方が基本です。負債（返す）、自己資本（返さない）として調達したカネを、どのような資産に投資しているかという見方です。持っている固定資産は適正か、ビジネス上有効活用されているか、借金したり増資したりしているのにビジネスに関係のない財産を持っていないか（預金など）、流動資産はもっと早くカネにならないか、財産を調達するためのカネのバランスはよいか（借金に頼りすぎていないか、もっとエクイティファイナンスを使えば……）、そして負債は返済できるのか、といったことです。

●P／Lはどのようなルールになっているのか

買っても買っても費用はゼロ

さあ次はP／Lです。収益、費用という勘定を集計し、「収益－費用」で利益を計算する会計報告書です。収益は「入ってくるカネ」、費用は「出ていくカネ」であり、B／Sよりはずっと直感的です。しかし一般ビジネスマンが理解しづらいルールが4つあります。逆にいえばこの4つのルールを理解すれば、P／Lは読めます。

このルールにおける科学的カネ理解法のポイントは「なぜそういうルールにしたか」です。

1つ目のルールは「営業」と「営業外」を分けることです。158ページで述べたように財務会計では本業とそれ以外をはっきり分けます。会計の世界では本業のことを「営業」と表現します。したがって本業の収益は営業収益といいます。ただ多くの会社では従来からこれに売上（売上高）という言葉を使っているので、財務会計でもこのまま使っています。本書でも「売上」という表現を使うことにします。本業の費用は営業費用であり、本業以外は営業外収益、営業外費用とよばれます。

2つ目のルールはなかなか難問で、「費用を収益と同時に発生させる」というものです。これを「費用収益対応の原則」といいます。

収益の定義は「会社に入ってくるカネの中で、負債でも資本金でもないもの」です。一方費用の定義は「〝収益を得るために〟出ていったカネ」です。

いわし専門の魚屋で、いわしを1匹80円で仕入れて、100円で売っているケースを考えましょう。34ページの損金と同様に、費用の定義にある「収益を得るために」というのは「魚を売るためにかかったカネだけが費用で、他はダメ」だということです。

費用収益対応の原則は「収益を得るために」かかったカネを、「その目的である収益と同時に出す」ということです。逆にいえばいわしが売れるまで費用は出さないというものです。魚屋がいわしを1000匹仕入れたら、代金は8万円です。この仕入れた時点では費用はゼロです。この8万円を今日現金で払おうが、2ヶ月先に払おうが売れない限りずっとゼロです。魚が1匹だけ100円で売れたとします。この時100円という収益（売上）が発生します。これを「売上を計上する」、「売上を立てる」と表現します。売上計上と〝同時に〟80円という費用（80円のいわしが売れてなくなるので）を発生させ（計上し）、収益100円－費用80円＝利益20円と計算します。つまり魚屋は魚を買っても買っても、機械メーカーは機械を作っても作っても費用はゼロで、売れた時しか費用を出せません。

このルールは利益を「公平に」計算するために、税務会計で強く求められます。ある販売会社が今日決算日を迎えたので、今期の利益（所得）を計算してみると5000万円ありました。現在の法人の所得にかかる税率は実質40％ぐらいですので、2000万円の税金を払わなくてはなりません。「こんなにもうかっているなら、今期のうちに商品を5000万円買って持っておこう」と購入して、もしこの5000万円が費用（税法上は損金）として計上できるなら、利益（所得）はゼロとなってしまい、税金を払わなくてよいことになってしまいます。これでは確かに不公平ですし、買うタイミングで利益を調整できることになってしまいます。だから売れるまで費用は絶対に出すことができません。

しかし商品代金のように「買う」と「売る」が1対1で対応している費用（「100円のいわし売上」と「80円のいわし費用」）はこれでよいのですが、結びつかない費用は収益（売上）と同時に発生させるというわけにはいきません。魚屋でいえば店の家賃、電気代、従業員の給与……といったものです。

そこで営業費用を2つに分けます。1つが商品を買った費用、製品を作った費用のように個々の売上に対応して同時に出せるものであり、これを売上原価といいます。売上原価は本業を実施するため、売上を出すため、各売上に〝ひもついた〟（〝対応していること〟をこう表現することも多い）原価という意味です。個々の収益に対応しないものは販売費・一般管理費（略して販管費）とよばれ、その費用の発生時に計上します。

いつ売れたことにするか

3つ目のルールは、売上を中心とする収益を発生させるタイミングです。費用を収益と同時に発生させ、そこで利益を計算するのなら、収益はいつ発生させるかです。これをはっきり決めておかないと、やはり利益を調整できてしまいます。

収益は「いつカネが入るか」ではなく「その行為が終了した時点」をもって計上します。これを発生主義の原則といいます。モノを売っている企業であれば、売上は「商品・製品の所有権が移った時」（自分のモノでなくなった時）であり、サービス業であれば「サービスを完了した時」です。ホテルでいえばチェックアウト時であり、飲食店なら出店（26ページの「お会計して！」）であり、サービス業は比較的すっきりしています。

しかしモノを売っている企業の「所有権が移る時」というタイミングはなかなか微妙で

す。実はこのルールは企業ごと（と言うよりもやっている仕事の実態に合わせて）に決めていて、これを売上基準とよんでいます。売上基準は引渡基準（顧客へのモノの引渡時。伝票でいえば「顧客からの受領書」をもって売上を計上）、出荷基準（モノが倉庫を出て行った時点。出庫伝票をもって売上を計上）、検収基準（顧客が商品を受け取るだけでなく、確かに頼んだ商品であるというチェックが終わった時点。検収書をもって売上を計上）などがあります。

このように企業によって異なる基準を採用していると不公平なようですが、企業会計原則には継続性の原則というものがあります。これは売上基準のように一度選択したルールは「ずっと続けていく」というものです。その時の都合に合わせてやり方を変えなければ長い目で見れば公平といえます。「月末で売上が不足しているから、普段は引渡基準だけど、今日は出荷基準でこの売上を計上してしまおう」というわけにはいかないのです。

4つ目のルールは「今期と今期以外に分ける」というものです。会計は26ページで述べたように「期間」が大切な要素の1つです。財務会計の決算書は「今期の経営者」の成績表です。しかし今期に行ったビジネスが原因ではないのに、たまたま（会計では「特別な要因」と表現する）今期に以前に行ったビジネスの結果が一時的に出てしまうことがあります。これは特別利益、特別損失として、〝通常〟の成績とは分けておきます。この〝通常〟のことを会計では〝経常〟とよんでいます。

棚からおろしてカウントする

P／Lについて述べる前にもう１つ理解しておきたいことがあります。

売上原価は商品・製品などが売れた分だけ計上するのですが、会計では「売れたモノをカウント」していくのではなく、原則として「残ったモノをカウントして、売れたモノを計算する」という形を取ります。これが棚卸です。棚卸の対象となるモノが158～159ページで述べた棚卸資産です。

「商品を仕入れて売る販売会社」と「製品を作って売るメーカー」に分けて考えましょう。

まずは販売会社です。ここでは次のようにして売上原価を計算します。

売上原価＝期首商品棚卸高＋当期商品仕入高－期末商品棚卸高

棚卸とは在庫[*1]している商品がどれ位残っているかを調べるものです。「棚からおろして商品を見る」というのが語源です。

販売会社の売上原価

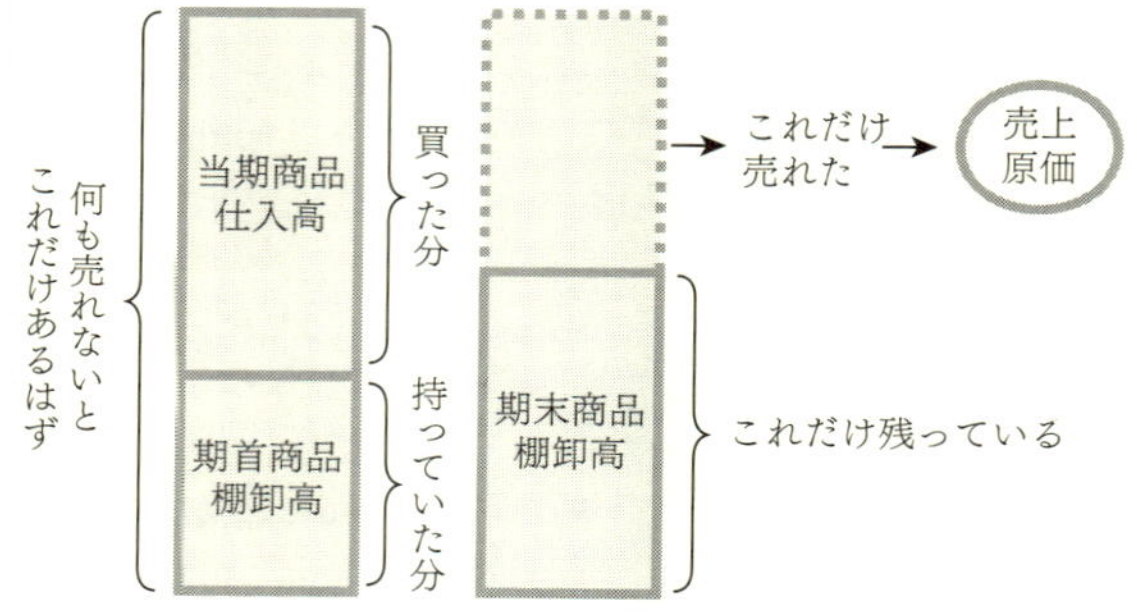

コンピュータなどを使って売れるたびにカウントしていっても「在庫」は出ます。これを帳簿棚卸、実際に倉庫で棚からおろしてみることを実地棚卸ということがあります。しかし帳簿棚卸は「在庫があるはず」であり、この商品はどこかに消えてしまったり、腐ったり壊れたりして商品とはよべなくなっているかもしれません。そのため一般には実地棚卸のことを単に棚卸といいます。

棚卸では商品がいくつ残り、いくらくらいの価値があるかを評価して、トータルの商品価値を円で出します。

会計には26ページで述べたように「期間」があります。（財務会計では原則として1年＝1期）。この期間の初めを期首、終わりを期末といいます。

期首商品棚卸高とは利益を計算する期の初めに

いくら商品を在庫していたかであり、当期商品仕入高とはその期間内に仕入れをした商品の総額です。もし1つも商品が売れていないなら、期首商品棚卸高と当期商品仕入高の和だけ残っているはずです。そのうえで期末商品棚卸高を棚卸して計算し（実際にはこれだけしか残っていないので）、その差額を売れた分として計算します。これが売上原価となります（右図参照）。

＊1．「倉庫にある」という意味。ここでは買ったが売れていない商品のこと。

棚卸は利益計算

売上原価は財務会計ではこのように計算しなくてはなりません。したがって商品在庫を持っている企業は、棚卸を年に1回（前期末と当期首は一緒）は行う義務があります。

会社の利益はこの売上原価の計算によって確定されます。つまり、棚卸によって利益が計算されることになります。

例えば期末の在庫のうち明らかに陳腐化して「これはもう売れないなあ」と思った商品があったとします。棚卸商品の評価（いくらの価値があるか）は原則として取得原価で行います。しかし、もし税務会計においてこの陳腐化した商品を「もう実際には売れないから価値がゼロ。あるいは80円で買ったけど10円くらいの価値しかない」（時価法）と認めてくれれば、期末商品棚卸高はこの分減り（これを棚卸評価損という）、売上原価がその分増え、結果として利益（所得）がその分減り、税金が少なくてすみます。逆に財務会計でこの陳腐化してとても売れない商品でも「売れる」と考えてそのままにしておけば、利益は多く出て〝良い成績〟となります。

期末に行う棚卸によって利益が確定することになります。そしてその利益に〝意見〟が反映しているのがよくわかると思います。

棚卸は在庫を多く抱えている会社では大変な手間となります。「本日棚卸のため休業」と書いているお店を見たことがありませんか？　また在庫している商品は買っても買っても費用が出ないので、在庫を抱えると「利益」と「実際のカネの増減」（入ってくるカネと出ていくカネの差、つまりキャッシュフロー）が離れていきます。そのため「棚卸一掃」とか「期末決算大バーゲン」と称して、期末に在庫をすべて売り切ってしまう会社もあります。

製造原価を計算するルール

メーカーでは〝当期商品仕入高〟の部分が〝当期製品製造原価〟となり、次のような式で売上原価を計算します。

売上原価＝期首製品棚卸高＋当期製品製造原価－期末製品棚卸高

したがって製造業ではこの「製造原価」を〝計算〟しなくてはなりません。これを原価計算といいます。

原価計算は製造原価という特別な勘定を使って集計するのですが、この勘定を次の2つの見方から区分して、製造原価明細書という会計報告書を作ります。

1つは形態です。そのカネの発生形態によって材料費（モノの消費に関してかかったカネ。原材料費、買入部品費……）、労務費（ヒトに関してかかったカネ。給与など）、経費（材料費、労務費以外にかかったカネ。外注加工費、水道光熱費、減価償却費……）の3つに分けます。

この3つの合計が製造原価となり、これから売上原価が計算されます。したがってこの経費には販売費・一般管理費は含まれません。例えば「モノを作るのにかかった水道光熱費」（製造原価の経費）と「売るのにかかった水道光熱費」（販売費・一般管理費）は分けておきます。この2つの境目は、〝決め事〟（会社がルールを決める）ですが、組織によって分けるのが普通です。そのため製造に関わる部門ははっきり分けておく必要があります。これが工場という概念です。工場で製造原価を計算し、本社や販売部門で発生する販売費・一般管理費とは分けておきます。

原価のもう1つの区分は製品との関係です。工場で1種類の製品しか作っていないということはあまりありません。特定の製品を作るのに使われたカネであることを明確に認識できるものを直接費といい、認識できないものを間接費といいます。A、Bという2種類の製品を作っている工場で、製品Aを毎日作っている人の給与（労務費）は直接費、AとBの製品両方に携わっている人（例えばマネジャー）の給与は間接費です。

この2つの観点によって製造原価は勘定を分けるのですが、一般には直接費を直接材料費、直接労務費、直接経費とし、間接費は1本にして4区分としています。

実際原価計算は左頁のようなステップで計算します。

原価計算にも発生主義の原則が適用されます。材料費は使った分だけが対象で「材料費＝期首材料棚卸高＋当期材料仕入高－期末材料棚卸高」で計算します。仕掛品、半製品がある場合は、棚卸をしてその分を原価計算からはずさなくてはなりません。

原価計算のステップ

要素別原価計算

↓直接費を製品別、費用別に集計する

↓注文単位に製品を作る受注メーカーは製品を注文と置き換えればＯＫ

・直接材料費……「材料消費量×材料単価」で計算

・直接労務費……「作業時間×賃率」で計算

↓賃率は「その人の給与総額÷総労働時間」で求める（いわゆる時給）。

・直接経費……費目ごと

部門別原価計算

↓間接費の集計・配賦《はいふ》（カネを振り分けること）

・間接費を部門個別費（発生部門が明らかなカネ、例えば部門長の給与）と部門共通費（工場の建物の減価償却費）に分けて集計

・部門共通費を何らかの基準（作業時間や売上構成比など）で部門へ配賦

製品別原価計算

↓製品別原価＝直接費＋部門費×製品配賦率

・この製品配賦率にも作業時間や売上構成比が用いられる

収益、費用を対応させて

さあやっとP／Lです。収益と費用は左の図のように分類されます。

これを使い、収益、費用を対応させながらいくつかの利益を計算していきます。

・売上総利益

売上から売上原価を引いたものを売上総利益といいます。175ページの魚屋で80円で仕入れたいわしを100円で売れれば、100－80＝20円の売上総利益となり、いわゆるマージンを意味します。売上総利益は粗利益《あらりえき》（略して粗利）、差益、GP（Gross Profit）、GM（Gross Margin）ともよばれます。

売上総利益を売上で割った値（いわしなら20％）を売上総利益率、粗利率（これをGMということもある）といいます。売上総利益だけでなく、他の利益や費用（原価率、販管費率など）も売上に対する比率がよく用いられます。

売上総利益率は「80円の商品を100円で売ることができる」という商品力、ブランド力、会社の力、セールスマンの力、お店の力といったものを表しています。

・営業利益（マイナスは営業損失）

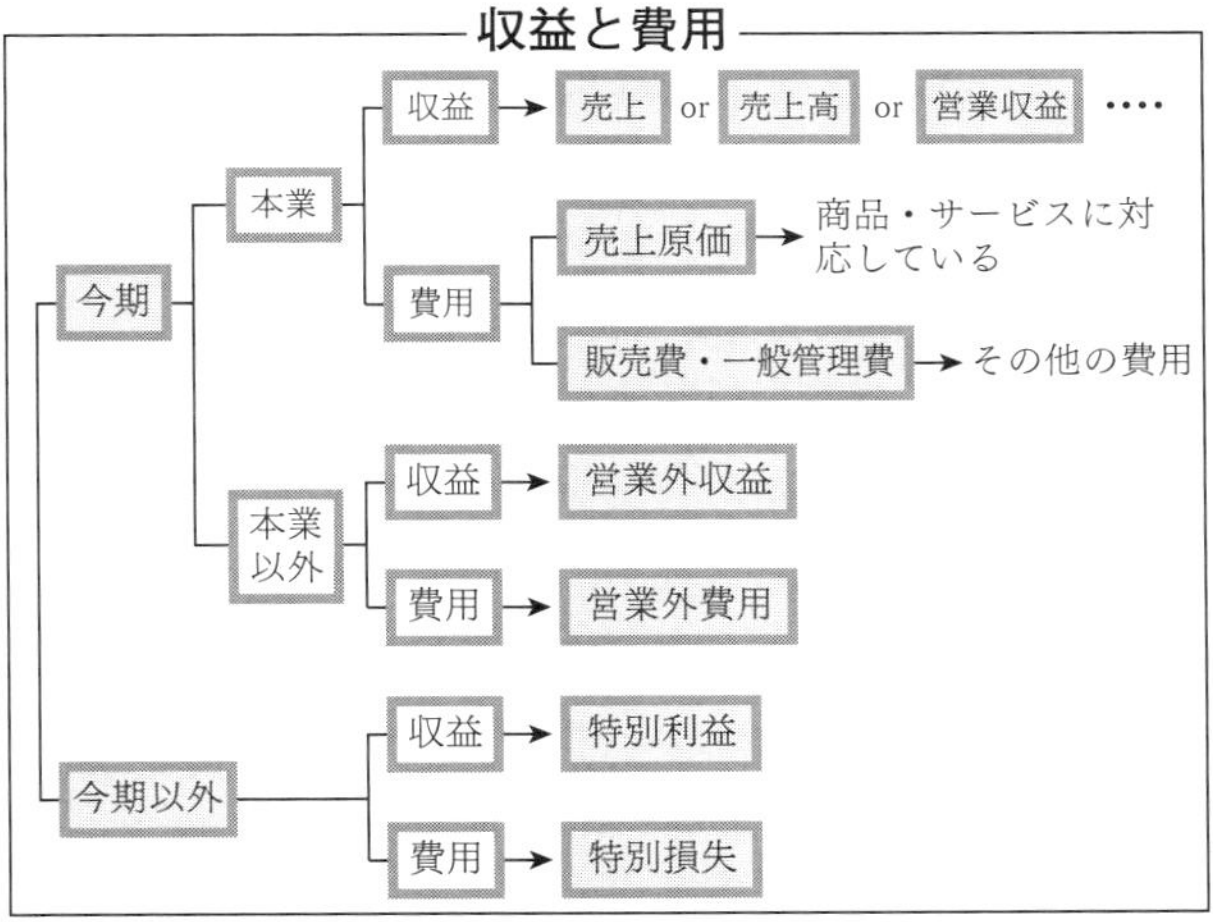

売上総利益から販売費・一般管理費を引くと、営業利益が計算されます。営業利益は本業の利益（営業＝本業）であり、株主や投資家がもっとも期待しているものです。

営業利益率は「売上の異なる他社との利益比較」、「自社の前期との比較」といった形で使用されます（次頁の図参照）。

・経常利益（マイナスは経常損失）

営業利益に営業外収益を足し、営業外費用を引いて経常利益を計算します。178〜179ページで述べたように経常は「通常」という意味です。「計上」と区別して「ケイツネ」などといいます。日本では従来からこの経常利益を「当期の経営者の成績」として考えることが多かったといえます。

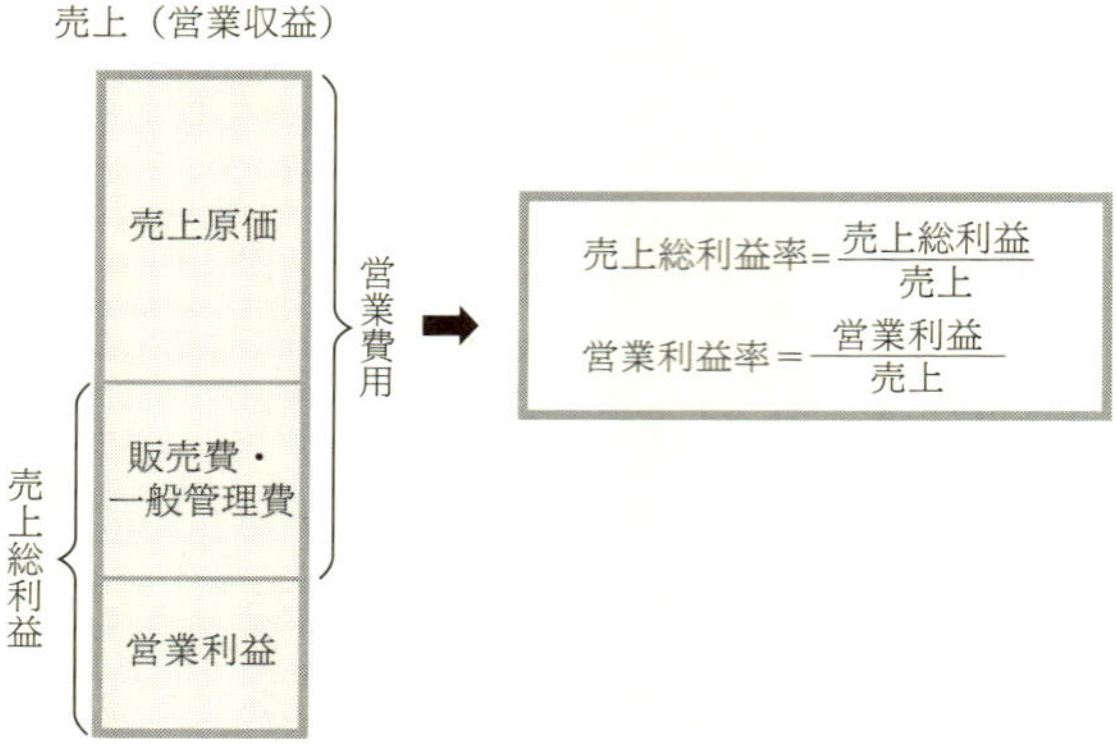

・税引前当期純利益→当期純利益（マイナスは純損失）

経常利益に特別利益を足し、特別損失を引いて税引前当期純利益を計算します。税引前当期純利益から法人税など税にかかる費用を引いたものを税引後当期純利益（これを単に当期純利益という）といいます。

ある会社が20年前に2000万円の土地を購入し、ビジネスに使用してきましたが（会計では買った値段のままで書いておく）、今期これを売却したら10億円になったとします。この時9億8000万円の利益（固定資産売却益という）が出ます。この利益9億8000万円は誰の成績と考えるべきでしょうか？「今期売った経営者がうまい」というより、20年前に買った経営者、ここまで売らなかった歴代の経営者（仮に同じ経営者でも会計上は毎期違う人と考える）が賢かったと考える方が妥当です。だから固定資産売却益は今期の経営者の成績からはずすというものです。もちろん損を出せば固定資産売却損という特別損失です。

この経常利益、特別利益、特別損失という区分はファジーであり、今期の経営者の成績に入れるかどうかを今期の経営者自身が判断して決めることになります。そのためフェアさを求める証券市場では、経常利益ではなく本業の成績としての営業利益、そして最終成績としての純利益を重視する傾向が強まっています。

P／L、B／Sと利益

利益はP／L、B／Sの2つの報告書に出ています。科学的カネ理解法でそれぞれの見方をまとめてみます。

まずはP／Lからです。34ページで述べたように税務会計上は利益（所得）を計算して税金を確定するためのものです。

会社法、金融商品取引法では配当限度額である利益剰余金を計算することが、最大の目的です。P／Lの当期純利益をベースとして計算するのですが、ここでは「株主資本等変動計算書」という難しそうな報告書（難しいのは名前だけです）を使います。当期純利益から配当を引いて、会社の手元に残るカネを計算します。このカネは内部留保といわれます。また当期純利益に対する配当の割合を配当性向といいます。前期末の利益剰余金（これまでの利益の積み上げ）にこの内部留保を足せば、今期末の利益剰余金となり、これがB／Sに引きつがれます。

B／Sにおいては前述のように、「純資産＝資産－負債」、「純資産＝資本金＋利益剰余金」という2つの式から、「利益剰余金＝資産－負債－資本金」となります。つまり利益剰余金は企業が持っている財産から〝借金〟と〝元手〟を引いたものとして表現できます。

ある会社の期首（前期末）のB／Sが次頁の図の左のようになったとします。

左図は借金、株主からの元手、そして自分の稼いだカネ（過去の利益）というカネでB／Sの資産を買ったことを意味しています。その資産をベースとして1年間営業を行い、その結果が右側の図のようになったとします（負債と資本金は変わっていないと考えます）。

期末の資産価値が増えた分は、B／Sの右側には今期の利益分（正確にいうと内部留保）となります。つまりB／Sにおける今期の利益（内部留保）は資産価値の増加分といえま

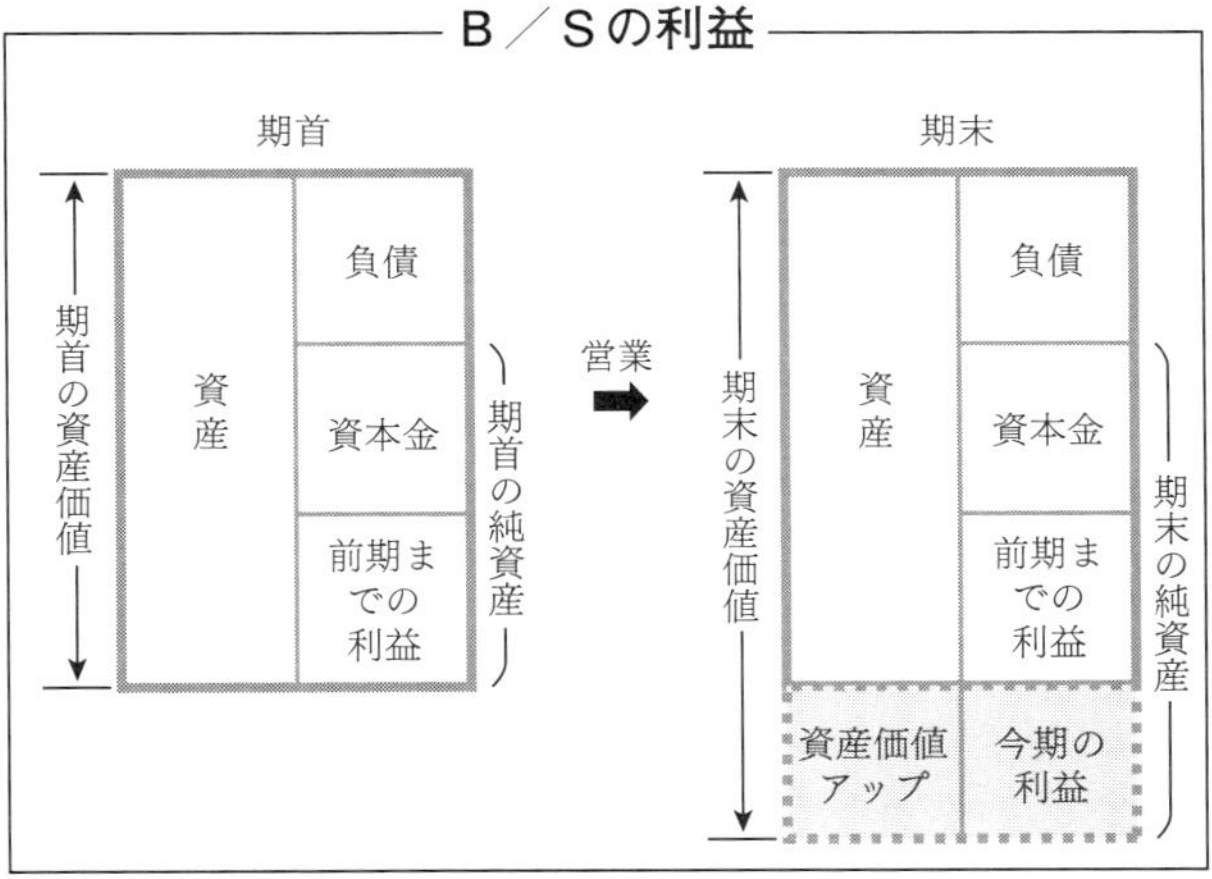

す。内部留保は95ページで述べた内部ファイナンスであり、これで「資産が購入された」というわけです。

P／Lの利益は「計算プロセスの明細」ですが、B／Sの利益は「資産の明細」という意味であり、利益の明細といえます。だからこの資産増加分がわかるように作成すべきであり、一般にB／Sは前期末（＝当期首）と当期末のものを併記しています。

では資本金や負債の変動はどう考えればよいのでしょうか。資本金が増加（増資）している場合、何かを買って資産が増えているはずです。負債の増加も同様であり、負債の減少（借金を返す）は現金・預金の減少という形で資産を減少させます。

つまり今期外部から集めてきたカネ（96ページの外部ファイナンス）以上に財産価値を増やした分が利益（内部留保）ということです。100円の現金（資産）を100円の魚に変え（仕入れ）、それを120円の現金（資産）に変えれば、100円の資産が120円の資産に変わり、この差額20円が資産増加（B／Sの左側）、利益増加（B／Sの右側）となります。

株主から見ると自らが出した元手をベースとして買った資産を、経営者がどの位アップしてくれたか（利益剰余金）を見るものであり、株主は資産価値アップの一定分（配当性向）をカネとしてもらう権利を持つということです。

●管理会計①――「未来の会計」のしくみはどうなっているのか

予算の悲劇

財務会計の次は管理会計です。管理会計はマネジメントのための会計です。財務会計とは異なり、法律でやることが決められているわけではありません。そのためさまざまなシーンでさまざまな手法がとられます。

科学的カネ理解法では「未来の会計」と「付加価値会計」という現代の代表的手法について考えます。

まずは未来の会計です。カネを集め（ファイナンス）カネを使って（投資）から、その使った結果を集計するのが一般の会計です。未来の会計とはカネの〝入〟と〝出〟を前もって予測しておくもので、予算システム（budget）とよばれます。「予算とは予《あらかじ》め計算する」という意味です。

予算を理解するには2つのことを知っておく必要があります。限界利益とCVP（Cost-Volume-Profit）分析です。

限界利益は管理会計の本を見ると「売上－変動費」[*1]と定義されています。しかしこの式が何を意味するかがよくわかりません。限界利益は過去の会計に使うのではなく、予算という未来の会計に使います。「売上－変動費」といっても、そもそもいつの売上を考えるのかがわかりません。未来の売上だとしたら、それをどうやって計算してよいかがわかりません。多くのビジネスマンはここでギブアップするか、式を何も考えず飲み込んでしまうかです。そうなると予算は未来会計のプロセスなのに、いつの間にかセールスマンにとってはどこからともなく降ってきた数字となり、「ノルマ」となります。その他の人にとっては予算は「使えるカネの限界」（限界利益の限界はこの意味ではありません）のようになってしまいます。

＊1．変動費とは売上に比例して発生する費用のこと。売上に関係なく発生する費用を固定費という。

限界が起こした革命

「限界」という言葉は経済学から生まれました。これは経済学という文系学問に、数学という科学を取り入れるきっかけとなったもので、当時は限界革命とよばれました。数学の導入で経済学に革命が起きたということです。

限界は英語のmarginalという形容詞の訳で、リミットとは違います。リミットは「限界の点」（このエレベータに乗ることができるのはリミット××kg）という意味です。一方マージナルという限界は「ふちの、端の」という意味で、そこから転じて「もうこれ以上小さくならない限界」という意味を持っています。

経済学では限界を「あるものが1単位増えることで変わる量」という意味で使っています。したがって限界利益の定義は「あるものが1単位増えると、それにしたがって増える利益」です。これは数学の微分係数を意味しています。興味のある人は拙著『微分・積分を知らずに経営を語るな』(PHP新書)を読んで下さい。

この科学化された経済学が経営学を生み、経営学の一部として会計学が生まれます。この過程で限界利益は歪《ゆが》んでいきました。まあ会計学者が微分を理解できなかったのでしょう。会計学は学問というよりも、集計のやり方(式)を決めただけのもので、「どうしてそうするのか」という説明能力のない「ノット科学」です。科学は理論立てて「説明する学問」です。「限界利益＝売上－変動費」という意味不明の定義を捨てれば、予算は科学となります。つまり論理的で皆が合意できるものとなります。

1匹売れたら増える利益

限界利益は予算の目標設定のタイミングで使われます。175ページのいわし専門店で考えてみましょう。

ここでは〝現在〟80円でいわしを仕入れ、100円で売っています。いわしを100匹売っていて、今お客様がきてさらに1匹(1単位)売れると、売上(収益)が100円増えます。これを限界収益といいます。そして同時に80円という売上原価(費用)が発生します。これが限界費用です。そして1匹売れたことで20円の利益が増えます。これが限界利益（限界収益－限界費用）です。

これがどうやって目標設定に使われるかを考えてみましょう。

この魚屋では月にどうしても40万円の経費（何もしなくても出ていく費用のこと。正確には固定費だが、販売費・一般管理費と考えて問題ない）がかかります。月にいわしを何匹売れば収支がトントンになるでしょうか。

昔やった算数です。わかりますよね。1匹売れると20円の利益が出るので、40万円÷20円と計算して2万匹です。これを損益分岐点といいます。

しかしこれでは魚屋の主人にカネが残りません。せめて10万円の利益を出したいと思っています。あと何匹いわしを売ればよいでしょうか。

「10万円÷20円＝5000匹」とさらに売り、トータル2万5000匹売れば利益が10万円出ます。

これは何をやっているのかというと「利益10万円」という目標を、「いわし2万5000匹」という目標に変えています。利益10万円という目標では、毎日毎日利益を計算することができないので（水道光熱費などは月に1回発生する）、月の途中でどれくらい目標に近づいているかがわかりません。しかし目標2万5000匹で今2万匹売れているなら目標達成率80％と計算されます。

1円売上が増えたら、いくら利益が上がるか

しかし世の中に〝いわし〟しか売っていない魚屋はあまりありません。値段のちがう〝たい〟も〝はまち〟も売っていたら、限界利益がバラバラで目標設定がうまくできません。

そこで限界の定義にある〝1単位〟を〝1円〟と考えて「1円売上が増えたら、いくら利益が増えるか」ということを考えます。これを限界利益率といいます。

先ほどの魚屋であれば100円売ると20円利益が出るので、1円売ると0・2円、つまり限界利益率は0・2円です。〝たい〟も〝はまち〟も〝いわし〟と同じ限界利益率にすれば目標設定できます。〝はまち〟を1匹800円で仕入れているなら1000円、〝たい〟を1匹4000円で仕入れているなら5000円と販売価格を決めればOKです。

こうすれば先ほどの魚屋（月の経費が40万円、目標利益が10万円）で考えれば、まず40万円÷0・2円＝200万円売って収支トントン、ここからさらに10万円÷0・2＝50万円

と売り、合計250万円売れば利益10万円となります。これを式で表すと次のようになります。

(目標利益+経費)÷限界利益率=目標売上

この式は目標利益を目標売上に変えています。こうすれば会社が求める目標利益を、現場がコントロールしやすい目標売上へと変えることができます。

しかし同じ会社で限界利益率の全く異なる商品を扱っている時はどうしたらよいでしょうか。例えば魚屋で鮮魚とともに包丁を売っていた場合です。この時は事業部制を取るのが一般的です。鮮魚事業部と包丁事業部を作り、これを別の会社として目標を出します。そのためには各事業部に目標利益、経費を配賦し（185ページの原価計算の配賦と同じ）、それぞれの限界利益率を使って、それぞれの目標売上を計算します。

さあいよいよ予算化のステップ

会社の予算システムでは、限界利益率を使って目標利益を目標売上へ変え、現場の目標を作るのが一般的です。具体的には次のようなステップです。

・**目標利益の設定**……経営者が株主などと約束する目標利益を設定し、その合意を得ます。
・**経費見積**……予算立案期間（1年、半年で考えることが多い）に発生する経費を見積もります。
・**限界利益率の設定**……商品別、部門別などの原価を見積もり、販売価格ラインを想定して限界利益率を設定します。限界利益率は「(平均販売価格－平均原価)÷平均販売価格」で計算されます。
・**目標売上**……「(目標利益＋経費)÷限界利益率」で会社全体としての目標売上を計算します。
・**売上配賦**……目標売上を販売部門の各グループ（部、課、支店、営業所）に配賦します。この配賦する単位が151～153ページで述べたアカウントであり、そのリーダーをアカウントマネジャーといいます。

配賦には大きく2つの基準があります。1つはそのアカウントに配賦する経営資源[*1]に応じて行うものです。販売会社などでは各アカウントのセールスマンの人数比を使うことが多くなっています。この場合パーヘッド配賦と表現します。この他各アカウントのプロモーション費用に応じて配賦することもあります。

2つ目はアカウントが地域（支店、営業所）の時によく使われるもので、その地域の需要[*2]の大きさで配賦するものです。

＊1．会社の持っている財産のこと。ヒト、モノ、カネなど。
＊2．これをよくパイという。パイが直接わからないことも多く、その際はその地域の人口がよく用いられる。詳細は拙著『誰でもできる！ マーケティングリサーチ』（PHPビジネス新書）を読んで欲しい。

現場では予測する

しかしこのままでは販売現場から見ると「天から降ってきた」ような目標となってしまい、次第にノルマへと変身していきます。

そこで販売部門の各アカウントでセールスマン別、商品別、顧客別といった単位でどれくらいの売上になりそうか、つまり販売予測を行います。この時、限界利益率（販売価格、原価で決まる）や経費（プロモーション費用など）は固定のものとして予測します。そのうえで各アカウントの予測売上を積み上げ、会社全体としての予測売上を出します。

しかし多くの場合、目標売上∨予測売上となります。これをイコールとなるように、経営者、アカウントマネジャーおよび原価部門（メーカーなら工場、流通業なら仕入部門）、経費発生部門（スタッフなど）のマネジャーが調整を行います。

科学的カネ理解法ではＣＶＰ分析という手法を使います。

予算を調整する

ＣＶＰ分析は、条件をさまざまに変えることでＰ／Ｌの利益を変化させていくものです。逆にいえば目標利益に合う条件を探し出すもので、シミュレーションとよばれる手法の１つです。

まずは目標設定時に決めた限界利益率（販売価格、原価）、経費見積および現場の売上予測にもとづいて、次頁の図のように売上線、費用線、および予測線（点線）を引きます（エクセルなどの表計算ソフトを使うのが一般的です）。

横軸は原単位数とします。これは限界利益の定義の〝１単位〟にあたるもので、商品を売っている会社では販売数量、サービス業などではサービス数量（ホテルなら宿泊者数）と考えればＯＫです。ただ会社はさまざまな商品を売っているので、例えば次頁の式のよ

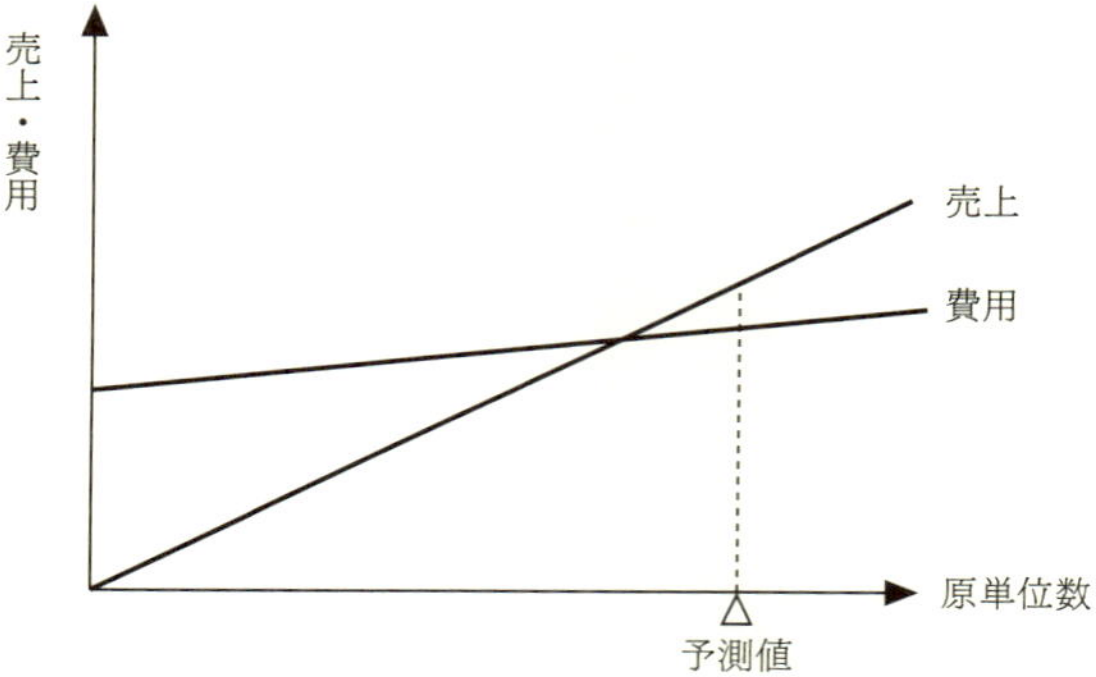

$$原単位数=\frac{売上}{平均商品単価}$$

↑

平均販売価格、平均サービス金額……

うに原単位を計算します。

ここでは先ほどの魚屋（いわし専門店）の1ヶ月間の計画を考えてみましょう。くどいようですが魚屋はいわしを1匹80円で仕入れて100円で販売し（原単位数＝匹数）、1ヶ月の経費が40万円かかります。

売上は原点から100円の傾き（1匹売れると100円。つまり限界収益のこと）、費用は縦軸の40万円の所から80円の傾き（＝限界費用）を持つ直線となります。

ここで現場の予測が2万20

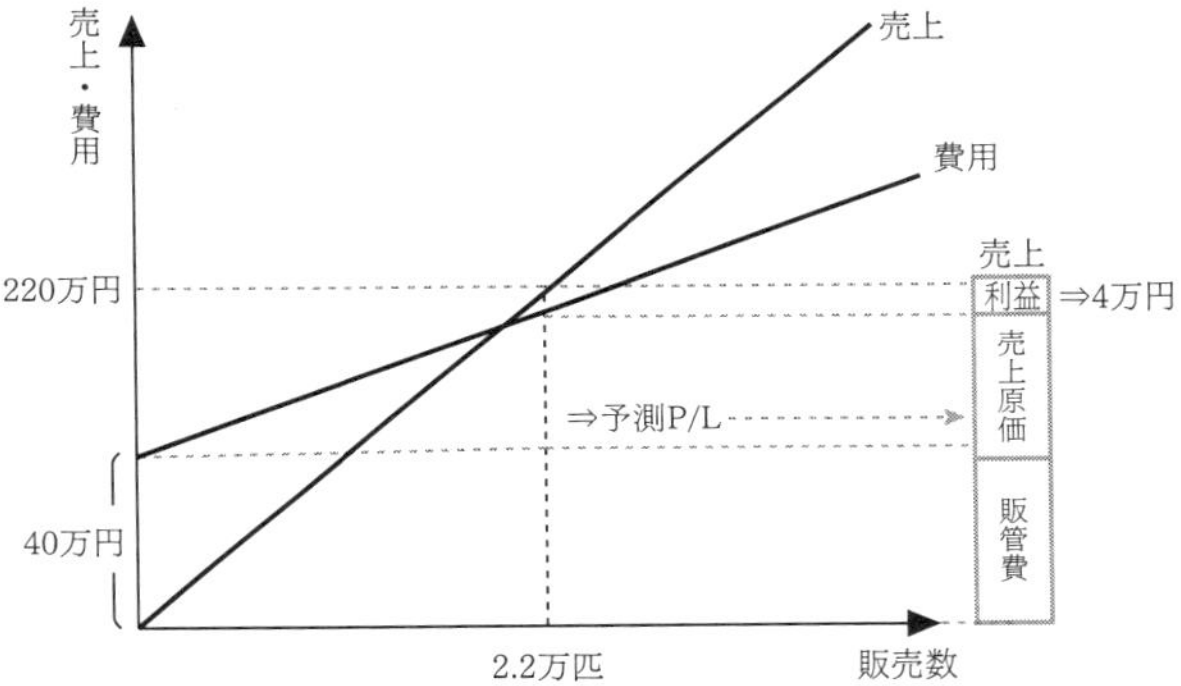

00匹でした。限界利益が20円なので、20円×２万2000万匹－40万円＝４万円の利益となります。上図の２・２万匹の所に引いた縦の予測線（点線）が、この時の予測Ｐ／Ｌを表しているのがわかるでしょうか。

ここで経営側の利益目標が10万円だとすれば、先ほど計算したように２万５０００匹の売上が必要です。ここで「ガンバレ」と言って、現場の目標を２万５０００匹とすると、まさに経営者から与えられたノルマとなります。経営者が勝手に決めた数字であり、これを達成することに現場の責任があるとはいえません。

このグラフは販売価格、原価、経費……を仮定し、それにもとづいて売上と費用という２つの直線を引き、かつその仮定のもとで販売予測（販売数）を行い、予測Ｐ／Ｌを作っています。そしてこの販売予測を変えないと、目標利益に達しないという状況です。

もうわかると思います。この販売予測を変えるには、仮定（販売価格、原価、経費……）を変えなければなりません。仮定を変えることで、売上、費用の直線を変え、販売予測を再度行い、それによって予測利益を変化させ、納得のいく予測P／Lを作っていくしかありません。こうすれば現場から見て「目標＝自分たちの予測」となります。

例えば販売価格を下げたケース（10％ダウンして90円で売る）を考えてみます。これによって売上線の傾きは90円となり、次頁の上図の実線の売上線のようになります。ここで現場が1匹90円ならどれくらいの販売数になるかを説明します。これが2万4000匹なら図のタテの点線のようになり、16万円の赤字となってしまいます。

逆に販売価格を上げても利益が出ません。

そこで販売価格は据え置き（100円）として、プロモーションに力を入れることとし、プロモーション費用を10万円アップします。そうすると費用線は上へ10万円平行移動します。ここでの現場の販売予測は2万9000匹となりました。そうなると次頁の下図のようになり、利益は8万円となります。

さらに他の魚屋と共同仕入することで、仕入価格のコストダウンが1匹あたり1円図れ

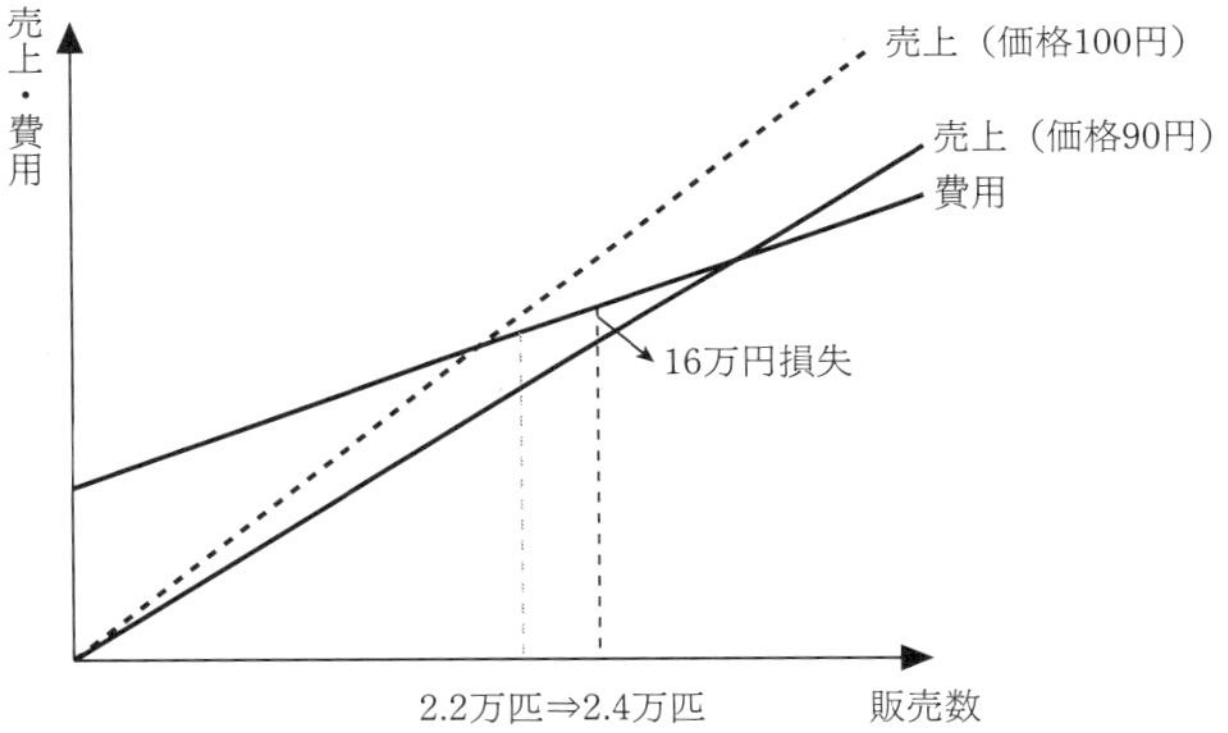
売上・費用
売上（価格100円）
売上（価格90円）
費用
16万円損失
2.2万匹⇒2.4万匹
販売数

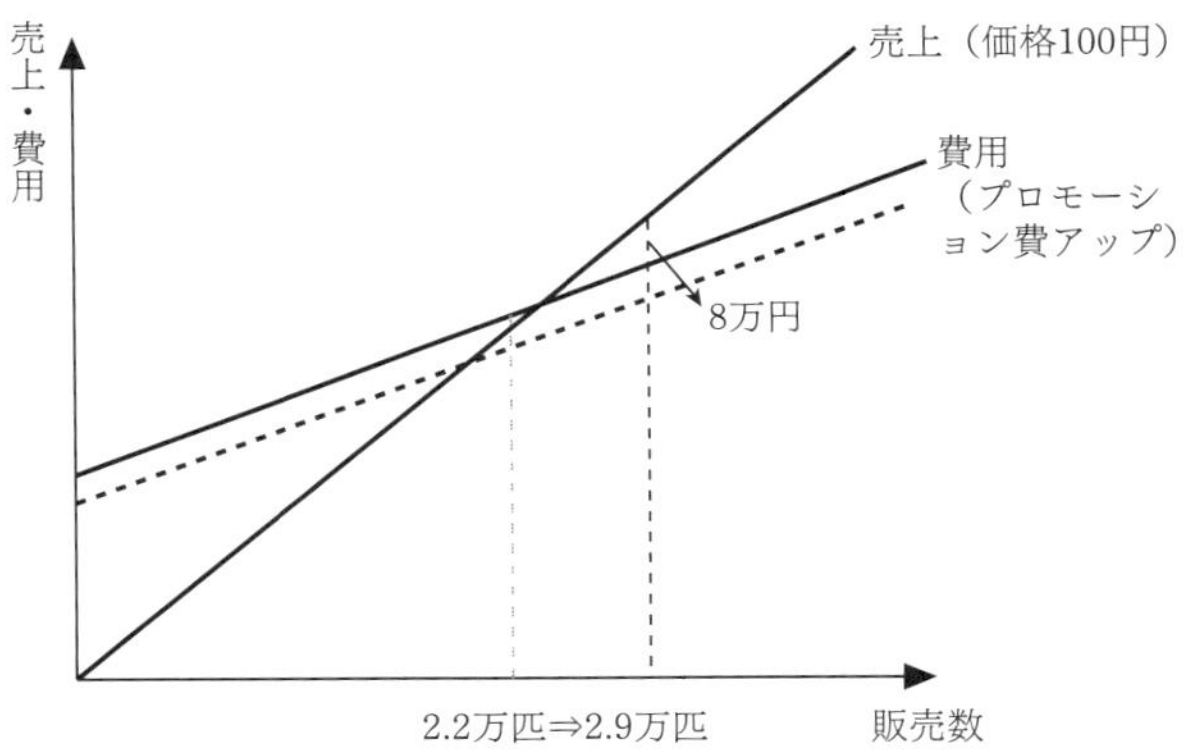
売上・費用
売上（価格100円）
費用
（プロモーション費アップ）
8万円
2.2万匹⇒2.9万匹
販売数

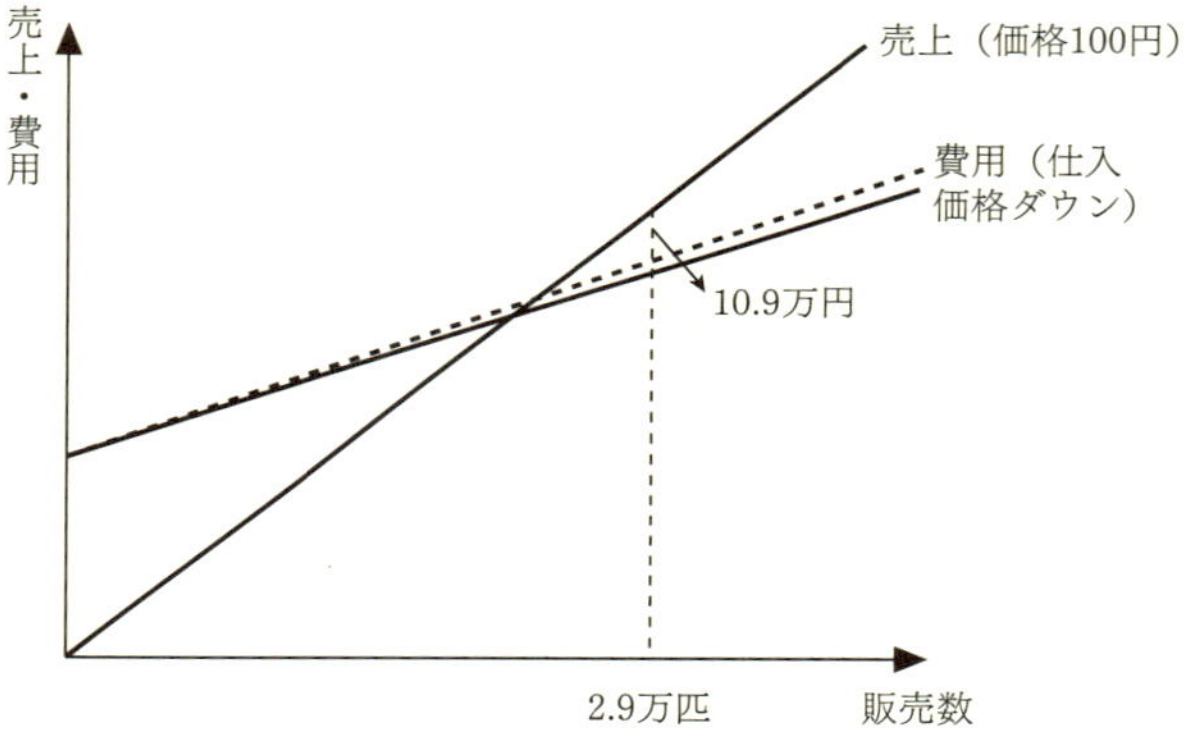

たとします。費用線は傾きは79円となり、上図のように下がります。

利益は10万9000万円となり目標利益に達します。これで予算調整は終わりです。

販売部門の各アカウントがこの価格とプロモーション費用で、自分たちの予測どおりに売り、原価部門（仕入部門、工場）が見積った原価を守り、すべての部門が経費予算内にカネを収めれば目標利益が達成されます。

これが予算という未来会計システムです。

●管理会計②——付加価値会計のしくみはどうなっているのか

もうけの分配が給与

管理会計で最近もう1つ注目されているのが付加価値会計です。これは会社としての給与総額をいくらにするかというテーマが出発点です。*1

32ページのP／Lの定義を見てください。P／Lは「収入－支出＝もうけ」という形で計算するものです。財務会計の世界では「収益－費用＝利益」として表し、この利益を株主（配当）、社会（税金）、会社（内部留保）の3者で分け合うとしています。ここで給与は費用、つまり支出（出ていくカネ）に入っています。しかしよく考えてみると配当、税金を一旦は「もうけ」（手元に残るカネ）として、会社の主要構成メンバーである従業員が受け取るカネが「出ていくカネ」というのはどう考えても変です。

そこで給与をこの支出から取り除いて考えてみます。こうして考えた「もうけ」を付加価値、こうやって計算することを付加価値会計といいます（次頁の図参照）。

この付加価値を従業員（経営者を含む）、株主、社会、会社というステークホルダー（利

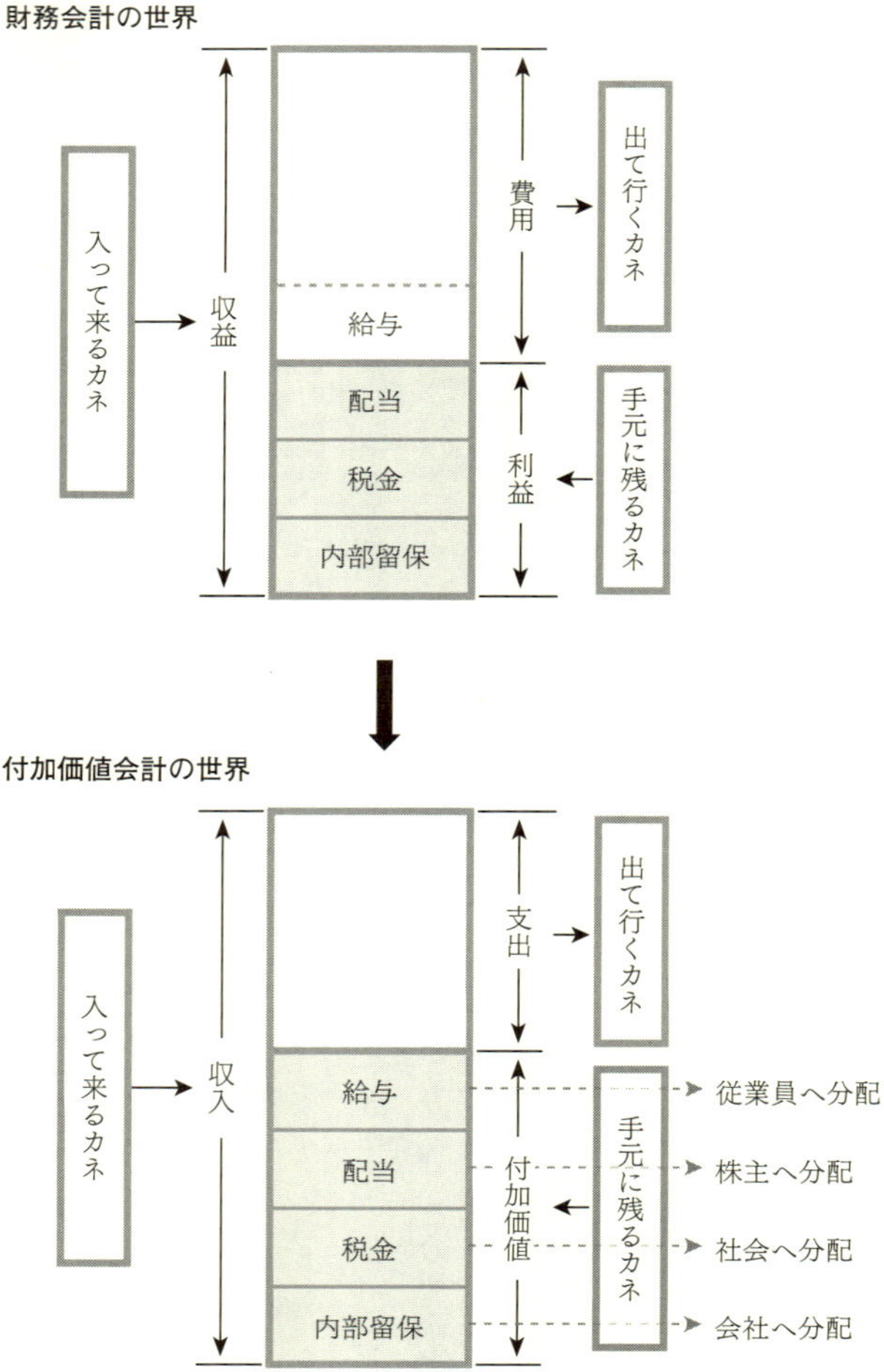
財務会計の世界
入って来るカネ
収益
給与
配当
税金
内部留保
費用
利益
出て行くカネ
手元に残るカネ
付加価値会計の世界
入って来るカネ
収入
給与
配当
税金
内部留保
支出
付加価値
出て行くカネ
手元に残るカネ
従業員へ分配
株主へ分配
社会へ分配
会社へ分配

$$\frac{\text{給与}}{\text{付加価値}} = \frac{\text{給与}}{\text{給与}+\text{利益}} = \mathrm{w}\ (\text{労働分配率})$$

$$\text{給与} = \text{利益} \times \frac{\mathrm{w}}{1-\mathrm{w}}$$

害関係者。もうけの分配を受けるという意味）で分け合うと考えます。

＊1．ここでは経営者も含めてその会社のすべての人の給与の合計額をさす。以降は単に給与と表現する。

利益と給与を比例させる

そのうえで付加価値会計では「付加価値の一定比率を給与とする」と決めます。この比率を労働分配率[*1]といいます。労働分配率は従業員の代表である経営者と株主で事前に合意しておきます。

これを給与について整理すると上の式のようになり、給与は利益の一定比率 $\left(\frac{\mathrm{w}}{1-\mathrm{w}}\right)$ となります。

つまり給与と利益は比例します。

そのうえで配当を利益の一定比率（190ページの配当性向）とすれば、税金は利益の一定比率ですので、給与、配当、内部留保はすべて利益および付加価値に比例することになります。

利益（付加価値）を上げれば、経営者を含めた従業員、株主、社会、会社のすべてがハッピーとなります。そしてこの付加価値がその会社が顧客にもたらす便益（食品なら〝おいしさ〟の度合）と考えれば、付加価値を上げれば顧客もハッピーとなります。80ページで述べた「日本企業は利益を目指さず、会社のためだけにカネを使っている」という批判を受けることもなく、株主（投資家）と共通の目標を持つことができます。さらには賃上げ交渉といったものも不要となり、労使対決といった争いもなくなります。

しかしこれには1つだけ問題点があります。それは利益が2倍になれば給与は2倍となりますが、利益が半分なら給与は半分になってしまいます。これではサラリーマンの生活を直撃してしまいます。

会社の打つ手は2つあります。1つは会社の中で利益に大きく反応する人とあまり反応しない人を作り、全体として利益比例に近づくようにしていきます。大きく反応するのは経営者、管理職、マネジャー、リーダーとよばれる人たちで、新入社員はほとんど反応しません。

もう1つは「ゆっくり」です。多くの会社はこの付加価値会計による給与分配という方向へゆっくりと向かっています。

あなたの会社でも最近給与のルールが変わっていませんか？

＊１．給与分配率の方が適切な表現だと思うが、一般にこうよばれているので本書もこれに従う。

Coffee Break4

「給与を科学する」

本文で述べたように、大企業を中心にゆっくりと「給与は付加価値分配」という考え方が浸透しています。これによって給与ルールもゆっくりと変わっていきます。20年前私がサラリーマンだった当時とはかなり変わっている感じがします。仕事柄多くの企業の給与体系を見てきましたが、一言でいえば「なかなか科学的になったなあ」という感じです。科学的というのは「なぜそういうルールになるのか」をはっきり説明できることです。逆にいえば「なぜそういうルールにしたのかが説明できない給与ルールはやめていく」ことです。

今まで払ってきた特定の給与をやめても給与が下がるわけではありません。給与総額は一定ですので、どこかの給与をやめればどこかの給与が上がります。

給与ごとにその動きを見ていきましょう。そしてそのバックボーンは「給与は付加価値の分配」ですから、各人の給与を付加価値への貢献によって分配しようとするものです。矢印は増減のトレンドです。

・時間給↘　働いた時間に応じて支払われるものです。普通は所定労働時間を決めておいて、これを超えたものを残業代として払います。しかし同じ仕事を1時間で終わる人と3時間かけてやる人がいると、後者の方が給与が多くなってしまいます。ただこれは労働法上の問題もあり、一般社員（平社員）まで廃止すると「残業代カット」として大変なことになります。「この仕事をやれ」と言われて、遅くまで働いてもカネがもらえないのは確かにひどいと思います。しかしそれなら時間ではなく仕事量に払えばよいのですが、法律の壁があります（一部みなし労働といった形で認めていますが）。結局はこの時間給ウエイトを落として、他の給与を上げていくしかありません。

・年功給→　勤務年数に応じて分配されるものです。今日の業績（付加価値）がその会社の過去の先人たちの努力からも生まれていると考えれば、おかしな分配ではありません。ウエイトを高くすることはありませんが、依然として残っているのが現状です。

・業績給↗　給与を付加価値分配と考えると、これがジャストフィットしているといえます。直接的に付加価値、つまり利益にどれくらい貢献したかということです。ただ業績給はさまざまな問題を抱えています。「仕事や環境によって不公平感がある」（「あいつはいい客を持っているから……」）、「東京はいいな、こっちはパイが少ないから……」）、「社内競争が起こって人の業績を自分のものにする」（給与総額が一定で、かつ業績で給与を決めれば、他の人の業績が落ちれば自分の給与が上がることになる）、「短期的な業績に走る」（明日の夢より今日のメシ）、「直接業績がカウントできないスタッフが不利になる」

……。そのためこれを実施するには予算システム（目標達成率を業績にする）や目標管理（自分の目標を自分で立てる）の整備が必須となります。そして業績給の弱点をカバーするもう1つの対策は次の能力給というものを考えることです。

・能力給←その人の持っている能力に給与を払うというものです。「一般社員の業績は管理職とはちがい、その人のがんばりや能力だけで決まるものではなく、管理職が割り振る仕事やその環境で決まる。与えられた仕事をやる人の給与はその人の持っている能力をベースとするべき」という考え方がバックボーンです。つまりその人の仕事に対する能力を評価して、これに給与を分配するというものです。

能力給の導入は現代のトレンドであり、そのためにいわゆる資格制度（一般職1級、2級……。課長などのポストと連動している）を見直し、職種ごとの能力ランキング（職能などという）としてポストとは切り離し、これをベースに給与を分配しようとしています。あなたの会社でも新職能制度などと言っていませんか？

・職種給→営業手当、管理職手当といった職種に払うものです。この根拠を見つけるのはなかなか難しいといえます。「営業は大変だから」といえば「経理だって大変」、そして課長だからといって給与を上げるというのはどう考えてもつじつまが合いません。「課長になると業績連動度が高まる。

逆に時間給、能力給のウエイトが下がる」というのがトレンドでしょう。

・生活給↓　家族手当、住宅手当、通勤手当……といった仕事以外の「生活」に対して払うものです。これは昔の商店のような「店主と使用人の関係」をひきずっているのでしょう。「そうか君も子供ができたのか。それじゃいろいろ大変だろうから給与を増やそう」。

少子高齢化対策を理由に続ける所もあるようですが、まあ科学的に考えると……。ただ通勤手当は非課税のこともあり支給（分配とはいわない）するのが普通です。これも「どこから会社に行こうが……」とは思いますが……。

・賞与↗（これは「何に」ではなく「いつ」ですが）。給与を「いつの付加価値を対象とするか」を考えると、どうしても前期となってしまい、タイムラグが生じます。これをなるべくなくす意味でも、「賞与は今期の業績（上場会社は四半期に1回出す。一般企業も半年に1回は出すのが普通）に応じて分配する」と考えればそのウエイトは高まっていきます。

・退職金↘　退職給付引当金の所で説明しますが、退職金はいってみれば各従業員の貯金です。貯金をするかしないかは個人の決めるべきことであり、なくなる方向にゆっくりと向かっています。いわゆる現金決済（退職金として後でもらうのではなく、働いた時にもらう）がトレンドです。

こんな目で自分の会社の給与体系を見たら、明日のあなたの給与が読めるかもしれません。

第5章

投資を科学する

投資とは「カネをあるモノにつぎ込むこと」と定義されます。最終章はこの投資がテーマです。

会社における投資を理解するためには、キャッシュフローというカネがわからなくてはなりません。キャッシュフローをわかるには、減価償却という考え方がわからなくてはなりません。減価償却を理解するためには簿記の仕訳がわからなくてはなりません。

投資を理解するために、簿記⇒減価償却⇒キャッシュフローの順に説明します。そのうえでさまざまな投資シーンについて考えていきます。

●簿記とは何か

ブッキ、ボキ

簿記は会計という仕事の「具体的なやり方」です。したがってこの仕事を担当しない一般ビジネスマンにとっては全く不要の知識です。これを理解するのはキャッシュフローを理解するためですが、行きがけの駄賃に現代の会計の大きなテーマである内部統制も理解してしまいましょう。簿記を科学的カネ理解法で理解すれば内部統制もわかります。

簿記はbook-keepingの訳でブックキープ、ブッキ、ボキとなり、これに簿記（帳簿記入）という漢字をあてたともいわれています。まあこの〝あて字〟が諸悪の根源です。簿記を「帳簿へ数字を書くルール」と考えると「なぜそのようなルールにしているのか」がわかりません。ブック（帳簿、台帳）、キープ（維持）として、簿記をとらえれば光が見えます。簿記は科学的に定義すれば「会計データを正確な状態で維持する」となります。

まずは簿記のルールを説明し、次になぜそんなルールにしたかを解説します。

データを2つの箱に振り分ける

会計データは151ページのスタイルですが、よく考えてみれば次頁の図のように＋《プラス》（増加）、－《マイナス》（減少）があるはずです。

会計のルールを決めた時にはコンピュータがなく、そろばんで計算していました。そろばんにはプラス、マイナスという概念がないのでこれを取ってしまおうとしました。またそろばんは足し算は得意ですが、引き算は苦手なのでこの回数をできるだけ減らそうと考えました。

図のように＋の箱と－の箱を用意して、これによって会計データの＋、－を取り、集計

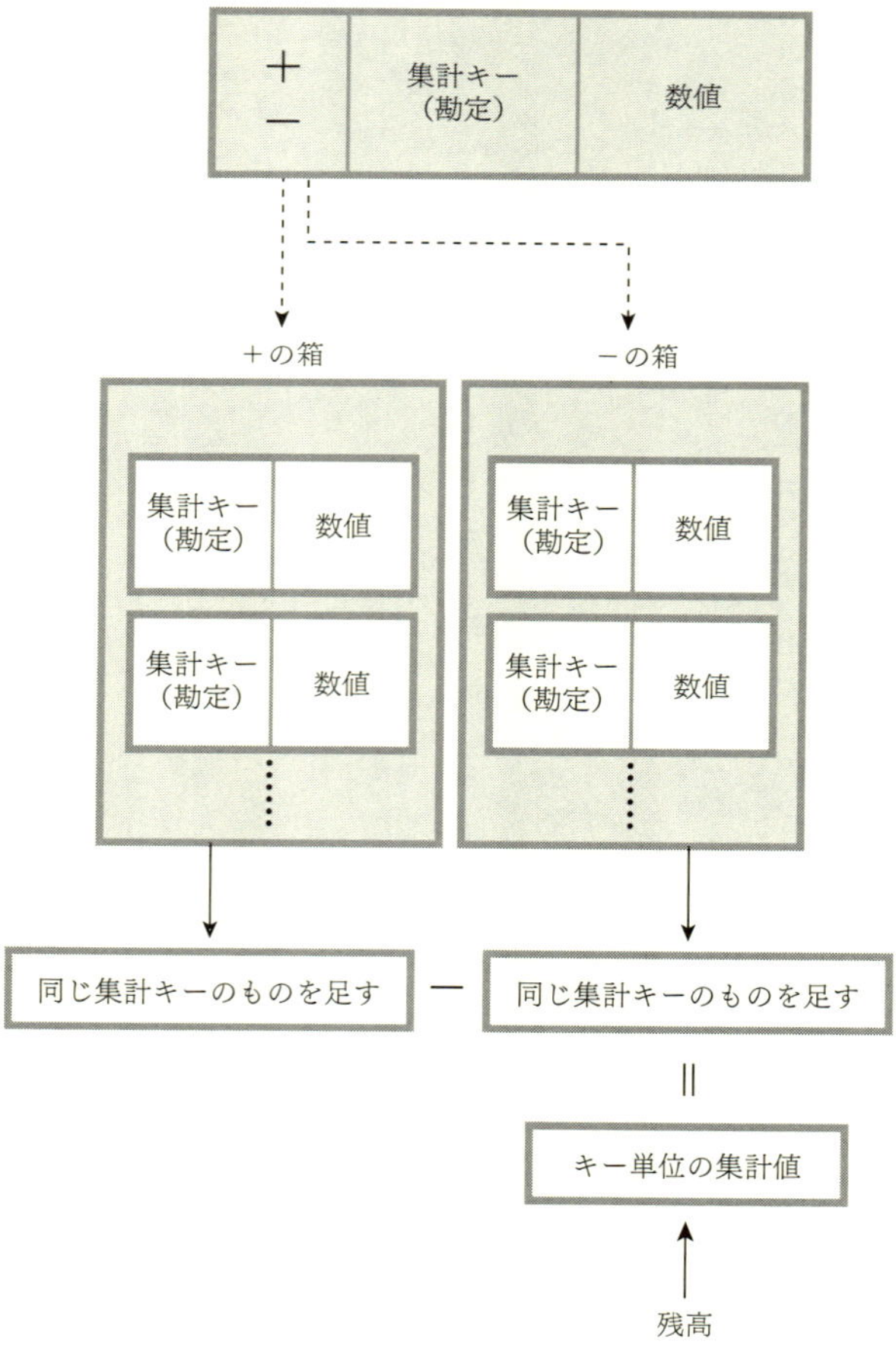

+
−
集計キー
（勘定）
数値
＋の箱
－の箱
集計キー
（勘定）
数値
集計キー
（勘定）
数値
集計キー
（勘定）
数値
集計キー
（勘定）
数値
同じ集計キーのものを足す
−
同じ集計キーのものを足す
||
キー単位の集計値
残高

キー（勘定）を付けてそれぞれの箱に入れておきます。このようにデータを２つの箱に振り分けていくことを仕訳といいます。

そのうえで〝締め〟の時に集計キーが同じものを足して、最後に引き算をすることにします。この集計キー単位の合計値を残高といいます。

しかし、仕訳はさらにもうひとひねりしたルールになっています。

まず箱は＋と－ではなく、左側（どういうわけか借方というが意味はない）、右側（貸方）とします。そのうえで次頁の図のようなルールで発生した会計データを箱に入れ、＋と－の符号を取ります。

こういう形にして、データを箱に入れても特に問題はありません。期末に集計キーである勘定が同じものを左と右に分けて集計し、左から右（または右から左）を引き算すれば、集計ができ残高が出ます。

左右のデータを同時に発生させる

こういうルールにすると不思議なことに、１つの会計データが左の箱に入ると、もう１つの会計データが同時に右側の箱に入り、そのデータの数値は一致します。このように２

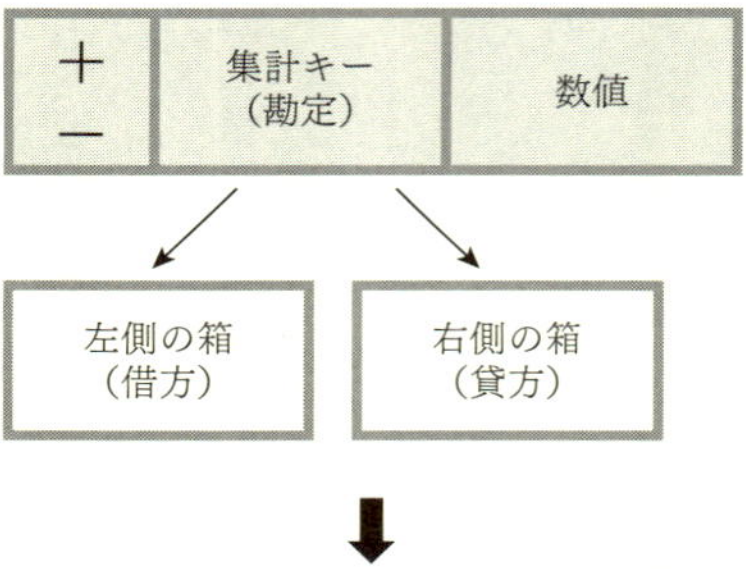

集計キーの大区分	＋	－
資産	左	右
負債	右	左
純資産	右	左
収益	右	左
費用	左	右

大区分が資産のデータは＋は左の箱に入れ、－は右の箱に入れる

＋	資産（現金）	100万円

↓

左の箱へ

＋	負債（借入金）	100万円

↓

右の箱へ

つのデータが同時に起きるので複式簿記といいます。

例えば銀行から１００万円借金したとします。現金（資産）が１００万円増えるので、上図のルールに従い左の箱に入れます。一方、借入金（負債）が１００万円増え右の箱へ入れます。

ここで現金の額を間違えると、負債のデータと合わなくなり〝誤り〟が発見できます。仮に負債も同時に間違えても、今度は銀行の貸付データと合わなくなってしまいます。

こうして２つのデータを起こすことで過失、エラーをチェック、修正できます。

●内部統制とは何か

商品１００万円を掛で売った場合を考えてみましょう。次頁の図のように、資産である売掛金が１００万円増えたので左の箱へ、合わせて収益である売上を１００万円立て右の箱へ入れます。

＋	資産（売掛金）	100万円

↓
左

＋	収益（売上）	100万円

↓
右

「収益－費用＝利益」です。会社としては「利益を何とか多く出したい」（良い成績にしたい、見せたい）、あるいは逆に「利益を減らしたい」（利益に税金がかかるので、これを少なくしたい）と思うことが時としてあります。何度も述べたように利益は計算値です。その元となる売上という収益は現金とは異なり（まだ100万円は入金されていない）目に見えないものですから、これを操作しても発見しづらいといえます。発見しづらければ「つい」と考えてしまうのが人情です。

しかしここで売上をいじれば、売掛金も変えなくてはなりません。売掛金を変えてしまうと販売先にいくら貸しているかがわからなくなってしまうので、どこかに書いておかなければなりません（これを裏帳簿という）。仮に裏帳簿を秘密に作って隠しておいても、表の帳簿と販売先の会社の帳簿（同額の買掛金というデータがあるはず）が合わなくなってしまいます。つまり販売先を調べれば一発でわかってしまいます。こうして不正を発見、そして防止（発見できることがわかればやらない）することができます。

もちろん売掛金を隠して、裏帳簿を作って、販売先とも口裏を合わせて……とやれば脱税や粉飾決算[*1]もできます。しかしここまでやれば悪質な犯罪です。

「2つのデータを同時に起こしていくこと」（複式簿記）はミス、不正から会社を守る役割を果たします。これがブックキーピング、「帳簿を維持する」ということです。

このように過失や不正から守るルールやしくみを、一般にコントロール、日本語で統制といいます。

複式簿記のような社会的ルールだけでなく、社内にさらに厳しいコントロールを持つことを内部統制といいます。簿記でいえば「仕訳によって同時に発生する2つのデータは、それぞれ異なる部門で処理、管理する」といったコントロール（会計のルール）を持つことです。先ほどの例では、売上データを販売部門で起こす（売上伝票を作る）なら、売掛金の管理（発生、入金による消し込み）は経理部門で行うといったことであり、いわゆる相互監視です。

上場会社は金融商品取引法でその内部統制に関する報告書（コントロールの内容とその実施状況）を提出し、公認会計士のチェックを受けることが義務づけられています。この規定はアメリカのSOX法（サーベンス・オクスリー法）を基にして作られたので、金融商品取引法のこの部分を俗にJ‐SOX法（日本版SOX法）とよんでいます。

＊1．化粧した決算という意味で、実際より良い成績に見せること。

●減価償却はどのようなしくみになっているのか

資産を買っても費用が出ない

仕訳というルールにはどうしても例外が出てきます。つまりすべての場合に同時に2つのデータが起きて、左右に同じ数値が入るというわけにはいきません。しかし例外を認めると、左右の数字が合わなくても「例外のため」となって、エラーも不正もチェックできません。このルールを押し通すために、一般のビジネスマンにはわからなくなってしまったのが減価償却であり、キャッシュフローです。科学的カネ理解法でがんばってひも解いていきましょう。

あなたの会社で100万円のコンピュータ（使用するので固定資産）を現金で買ったとします。左図のようにコンピュータという資産が100万円増えたので左側に100万円のデータ、現金という資産が100万円減るので右側に100万円のデータが入って左右

＋	コンピュータ（資産）	100万円

↓
左

－	現金（資産）	100万円

↓
右

が合います。

しかしこれでは費用が発生しません（発生させられません）。コンピュータを買ったことによる費用を左側に発生させると、右側に入るデータがありません。

5年後、このコンピュータがこわれたので捨てました。コンピュータという資産が減り、右側に１００万円のデータが発生します。左側にはどんなデータを起こしたらよいでしょうか？

２２２ページの図を見て下さい。左側にデータが入るのは5パターンしかありません。資産の＋（増えない）、負債の－（減らない）、純資産の－（減らない）、収益の－（減らない）という4パターンは到底起こせません。そうなると費用を１００万円出すしかありません。

しかしこれではコンピュータを買った時「費用ゼロ」、使い続けて5年後に捨てると「費用１００万円」となって現実の感じと合いません。コンピュータなら5年くらいでまだよいのですが、固定資産の建物を50年後に壊したらここで費用がドカンと発生してしまいます。

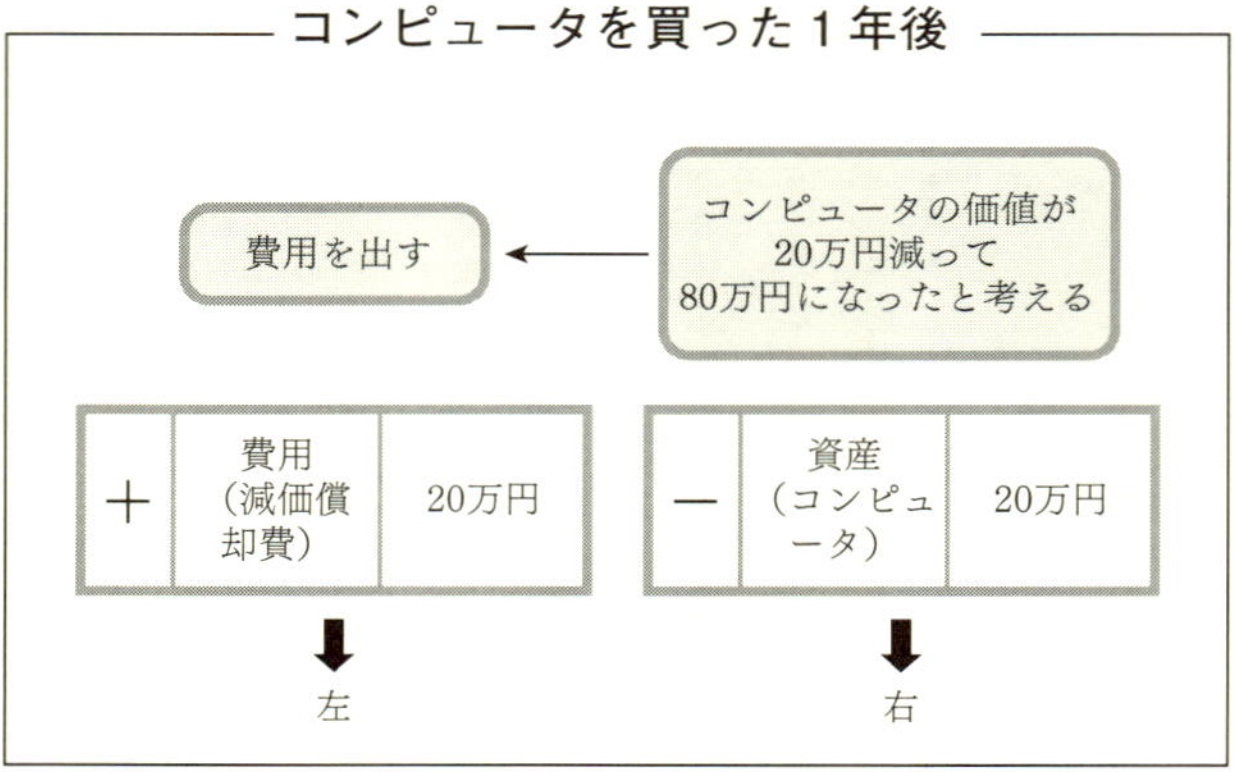

費用の出し方を決める

そこで「コンピュータが時間とともに価値が下がる」ことに着目して、少しずつ価値を落としながら費用を出していきます。

１００万円で買ったコンピュータが1年後に価値が（1年間ビジネスに使ったことで）20万円下がって80万円になったと考えれば、左に費用がプラス20万円、右に資産がマイナス20万円と出て、先ほどよりはつじつまが合います（上図参照）。

これを毎年少しずつやっていけば、費用は均等化されていきます。このように固定資産（使う資産）の価値を、「使い減りした」と考えて毎年少しずつ落としていくことを減価償却、この費用のことを減価償却費といいます。

減価償却には問題が山積み

しかしこのやり方を取ると、いくつかの問題が出てきます。

最大のものは利益のコントロールです。「収益－費用＝利益」ですので、減価償却費という費用を各企業が自らの判断（「うちはコンピュータの使い方が激しいので、年に30万円下げることにしよう」「うちはあまり使わないので10万円」）で出せるとしたら、利益も自由にコントロール（もう少し上げよう、下げよう）できることになってしまいます。これでは人の判断によって利益が変わってしまい、公平さがもっとも大切な税務会計では大問題となってしまいます。

そこで税法で減価償却を行うすべての固定資産（減価償却資産という）について、耐用年数（各減価償却資産が何年もつか）を決めています。例えばコンピュータではパソコンは4年、それ以外のサーバーなどは5年としています。

また減価償却のやり方について「耐用期間中は毎年同じ金額にする」という定額法を基本として、資産の種類によっては定率法（毎年一定比率だけ価格を減少させる。使いはじめの方に多く減価償却費が出る）を選択できるようにしています。

先ほどの100万円のコンピュータ（パソコンではないので耐用年数は5年）について定額法を採用すれば、5年にわたって毎年20万円ずつ減価償却費が出ることになります。

しかしこうやって耐用年数を「おかみ」に勝手に決められてしまうと、さまざまな問題が出てきます。世に出て間もないモノは耐用年数など推定できません。サーバーなどのコンピュータは果たして5年もつでしょうか。もたないと思ってもこれ以上減価償却費を出すことは税務会計上認められません（減価償却費を多く出せば利益が減り、税金は減る）。

一方、財務会計では保守主義の原則で「利益は安全側（少なめ）に考えること」が基本ですので、コンピュータが5年もたないと思ったら、もっと減価償却費を多く出して利益を減らすべきとも考えられます。そう考えて財務会計上で減価償却費を多く出すことを有税償却（税金を払うという意味）といいます。

つまり財務会計上で減価償却費という費用を増やして利益を減らしても、税務会計上はこの増やした費用が損金とは認められず（「損金繰入ができない」と表現する）、所得は減らず、税金は減らないということです。

減価償却にはまだ問題があります。土地や株のように使い減りしない固定資産は減価償却しません（というよりできません）。だからビジネスに使う土地をいくら買っても、M&

Ａのために他社の株を買っても、費用はゼロということです（うーん納得いかない）。

これをよく「土地や株を買っても利益を傷つけない」などと表現します。

減価償却費は出ていかないカネ

さあ減価償却の大詰めです。減価償却にはもう１つの意味があります。それは減価償却費が「入ってくるカネ」だということです。一般ビジネスマンにはもっとも理解しづらい点です。

減価償却費は販売費・一般管理費という勘定の下の区分、つまり一部です。ただしメーカーなどでは１８３ページで述べたように工場設備の減価償却費は製造原価にも入っているので注意しましょう。ここでは販売費・一般管理費に入っているもので解説します。

減価償却費と他の販売費・一般管理費を比較してみましょう。

２２６ページのように１００万円のコンピュータを購入した場合、「買って2年後の期末に減価償却費を20万円計上する時」と「同じ会社で同じ期末に電気代を20万円払う時」で比較してみましょう。ともに販売費・一般管理費ですが、次頁の図でわかるとおり電気代20万円はカネが実際に出ていっていますが（電力会社に払う）、減価償却費20万円は払う

電気代20万円払う

＋	電気代（費用）	20万円

↓ 左

−	現金（資産）	20万円

↓ 右

⇒カネが減る

減価償却費を20万円計上

＋	減価償却費（費用）	20万円

↓ 左

−	コンピュータ（資産）	20万円

↓ 右

⇒カネが減らない

相手がいません。だからこの20万円は「出ていかないカネ」です（もう2年前に全額払っています）。しかし「出ていかないカネ」だからといって、すなわち「入ってくるカネ」になるわけではありません。

減価償却費は入ってくるカネ

収益、費用ではなく、実際に入ってくるカネをキャッシュイン（日本語では入金）、実際に出て行くカネをキャッシュアウト（出金）と定義します。

175ページの魚屋の例で考えてみましょう。今期魚屋は売上が2000万円、売上原価1200万円、販売費・一般管理費は減価償却費が20万円、それ以外が600万円でし

売上		2000万円
売上原価		1200万円
販売費・一般管理費		620万円
うち	減価償却費以外	（600）万円
	減価償却費	（20）万円
利益（正確にいうと営業利益）		180万円

た。この時P／Lは上図のようになります。

　この魚屋は期首および期末在庫はなく（すべて売り切っている）、すべて現金取引であり、この期に固定資産は買っていません。

　まず今期のキャッシュインは「売上2000万円」です。次にキャッシュアウトですが、売上原価1200万円、販売費・一般管理費のうち600万円がキャッシュアウトし、減価償却費は払う相手がいないのでキャッシュアウトしません。

　差し引きして（2000万円－1200万円－600万円）、カネが200万円残ります。

　これをグラフで書くと次頁の図のようになります。

　この魚屋は1年間がんばって魚を売って、カネを200万円増やしたことになります。

　あたり前の話ですが企業はビジネスをやることで、カネが出入りし、「キャッシュイン－キャッシュアウト」分だけカネが増えます。

　これがキャッシュフローです。前にも述べたように、キャッシュフ

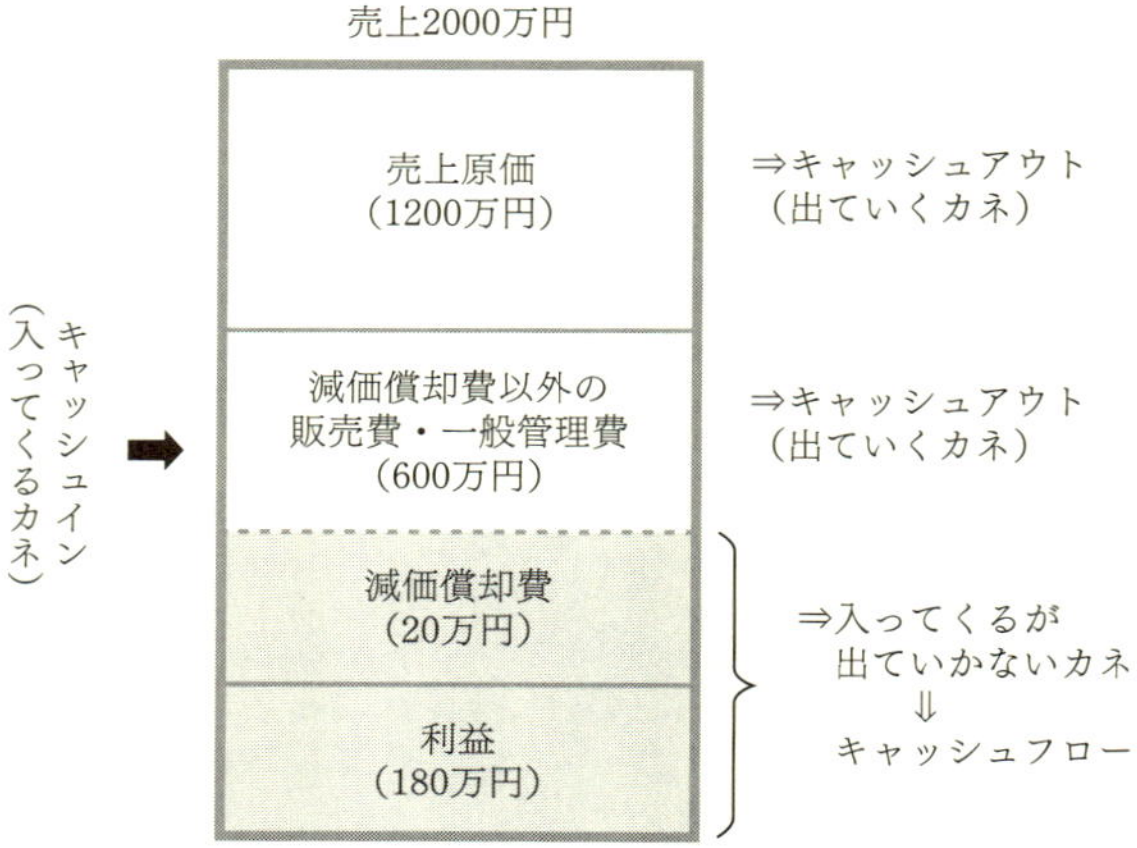

ローとは「カネの流れ」ではなく、「ある期間に増えたカネの量」です。

魚屋の２００万円というキャッシュフローの内訳は「利益（１８０万円）＋減価償却費（20万円）」です（正確にいうと利益に対し税金がかかり、キャッシュアウトしますので、当期純利益と減価償却費）。減価償却費は利益と同様に、本業（魚を売る）を行うことで得られる売上を通して、「実際に入ってくるカネ」です。正確にいうと「入ってくるが出ていかないカネ」です。２３１～２３２ページの電気代などは上図の６００万円の中に入っており、「入ってくるが出ていってしまうカネ」です。

もう一度上のグラフを見て下さい。売上の

内訳が「売上原価」、「販売費・一般管理費（その中に減価償却費）」、「利益」となっているのがわかると思います。そのうえで１３６〜１３８ページの「売れてから支払う」というファイナンスの原則を思い出して下さい。魚屋は「売上２０００万円のカネ」が入ってから、仕入業者へカネを払い、経費を払い……とやっていって、最後に２００万円のカネ（＝キャッシュフロー）を手に入れます。

投資を回収する

これで経営者がよく使う「回収」という言葉の意味がわかると思います。先ほどのコンピュータであれば、コンピュータを買った時（これが投資。設備を買ったので他の投資と区別して設備投資という）、１００万円のカネ（投資額という）が出ていき、毎年売上を通して減価償却費という20万円ずつのカネが入ってきて、5年間（耐用年数）で１００万円が回収できるということです。ということは耐用年数が長いほど回収に時間がかかることになります。耐用年数はカネになるスピード（流動性）を表しています。

設備は利益で回収するのではなく、減価償却費で回収するのです。利益は設備投資ではなく、設備を使った企業努力の結果といえます。もっといえば利益は「設備のお手柄」ではなく、「働いた人のお手柄」です。だから209ページで述べたようにこの利益に給与が比例します。

これが経営者から見た設備投資と利益の〝感覚〟です。

今期のものは今期のうちに

減価償却費と同じような性格を持っているものがいくつかあります。「費用を計上してもカネが出ていかないもの」で、よく「現金支出を行わない費用」といった表現をします。

例えば引当金《ひきあてきん》とよばれるものです。これは178ページの原則「今期と今期以外に分ける」の応用で「今期のものは今期のうちに」というものです。「将来発生するかもしれない費用」あるいは「将来発生する費用」で、「今期にその原因がある」と考えられるものは、引当金として今期の費用にしようというものです。

前者の「将来発生するかもしれない費用」の方は評価性引当金といわれ、貸倒引当金がその代表選手です。

ある会社で期末に売掛金が100万円あるとします。売掛金はツケですので踏み倒され

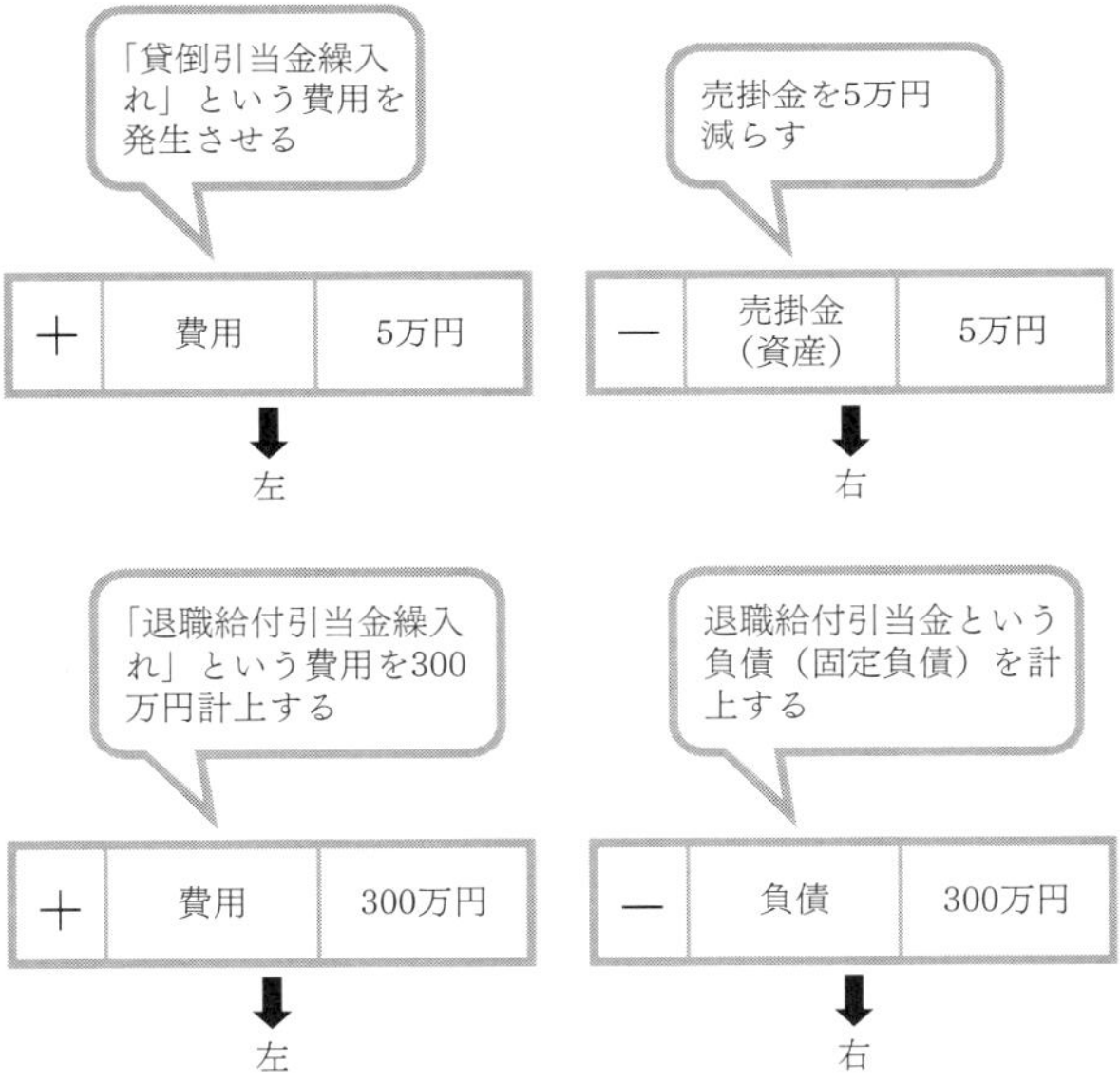

てしまうことがあります。貸倒れという信用リスクです。もし翌期売掛金が貸倒れとなったら、どの期の経営者の責任でしょうか。これは今期売掛金にして貸した経営者の責任でしょう。取り立てできなかった来期の経営者の責任とは考えづらいところです。

　この会社の業界では、大体５％は貸倒れが起きると予測できるのであれば、上図上側のような仕訳を行い、５万円の費用を今期出してしまいます。

　この貸倒引当金５万円という〝費用〟も払う相手がいないカ

ネですので、やはり売上を通して「入ってくるカネ」です。

後者の「将来発生する費用」は負債性引当金とよばれます。例えば退職給付引当金がこれにあたります。従業員の退職金は「やめてくれてありがとう」ではなく「働いたことによる正当な報酬」であり、給与の一部です。したがって従業員が退職する時に費用が発生したと考えるのではなく、働くことによって毎期発生していると考えられます。そこで従業員が今期働いた分を退職金として今期末に払ったと考え、これを従業員から預っている(借りている)と考えます。これが退職給付引当金です(前頁下の図参照)。

カネの出入の内訳

キャッシュフローがわかれば設備投資の回収とともに、その投資額に対する考え方がわかります。

上場企業ではキャッシュフロー計算書を有価証券報告書にのせることになっています。キャッシュフローはその期の現金の増減ですので、B/Sを見て「今期末現金残高－前期末現金残高」で求めることができます。これをネットキャッシュフローといいます。

しかしこれではどうやってカネが増えたのか、減ったのかがわかりません。この現金増減の内訳表がキャッシュフロー計算書であり、やり方は標準化されています。しかし実際の有価証券報告書に載っているキャッシュフロー計算書ではその内訳項目が多くありすぎて、かつ専門的すぎて一般ビジネスマンには何だかわかりません。ここではこれを単純化して見るコツを書いておきます。

キャッシュフロー計算書の大項目は次の3つです。

・営業キャッシュフロー（キャッシュフロー計算書には「営業活動によるキャッシュフロー」と書いてある）……営業、つまり本業によって増やしたカネのことです。本業ですのでキャッシュインは売上であり、営業キャッシュフローの内訳は先ほど述べたように当期純利益と減価償却費がその中心です。

当期純利益は有報のキャッシュフロー計算書に直接は書いてありません。これは261〜264ページで述べる税効果会計を適用しているためです。仕方ないので当期純利益は「税金等調整前当期純利益－法人税等の支払額」で求めます。厳密には先程の引当金なども入っていますが、細かいので無視します。

この他営業キャッシュフローの内訳には「運転資本の増減」などが入っています。これは売掛金、買掛金、棚卸資産などの増減のことです。175ページの魚屋であれば、売上はすべて現金で入ってくるとしましたが、もし売掛金があればその分キャッシュインは少なくなります。そのためその分キャッシュフローを減らさなくてはなりません。買掛金はこの逆です。棚卸資産は買ったモノが費用に計上されておらず、当期純利益に反映されていないのでこの分カネを減らします。しかし長い目で見ればこれらはいつか現金になり、現金として支払います。会社の投資を考える時はこれらはすべて無視します。

つまり「営業キャッシュフロー＝当期純利益＋減価償却」です。これが95ページの内部ファイナンスにあたります。

・投資キャッシュフロー（投資活動によるキャッシュフロー）……226ページのコンピュータの例を考えましょう。買った時（0年目）に100万円のカネが減っているのに、費用が出ていません。そのため買った時にキャッシュフローを減らす必要があります。これが投資キャッシュフローであり、この場合「マイナス100万円」となります。投資キャッシュフローはノーマルなケース（固定資産を買う。アブノーマルなケースは固定資産を売る）ではマイナスです。このマイナスを取った額が、一般に使う言葉である「投資額」です。コンピュータの例では「投資額100万円」です。

「営業キャッシュフロー－投資額」（営業キャッシュフロー＋投資キャッシュフロー）をフリ

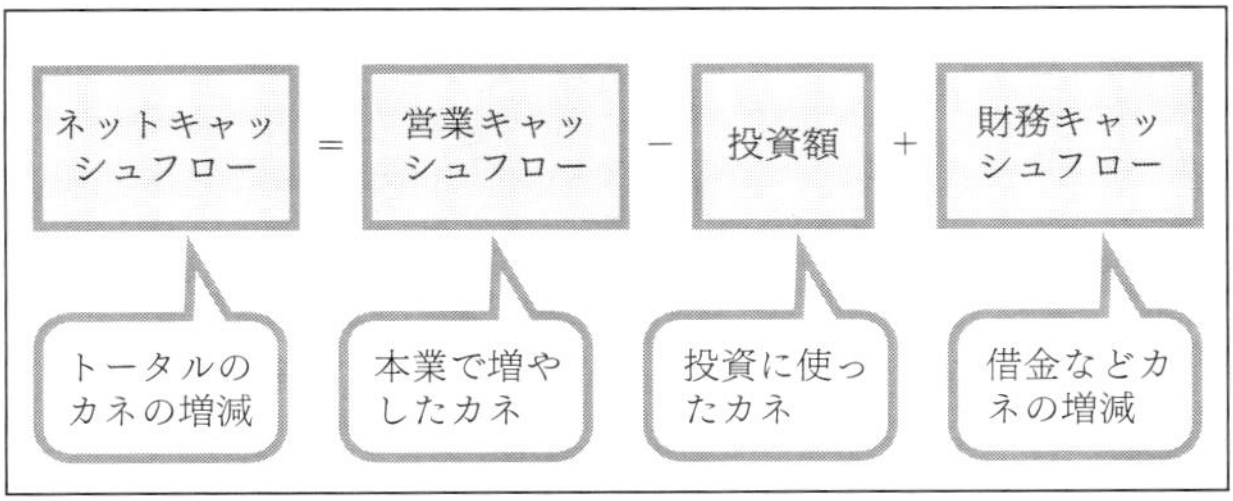

ーキャッシュフローといいます。稼いだカネから投資したカネを引いたもので、今期のビジネスでこの分カネを増やしたということです。

・**財務キャッシュフロー**（財務活動によるキャッシュフロー）……ファイナンスに伴うカネの増減です。借金すればカネは増え、返せば減ります。増資すれば増え、配当すれば減ります。これが財務キャッシュフローであり、ファイナンスで考えれば外部ファイナンスです。

●投資はどのように行われるのか

さあ本題の「投資とキャッシュフロー」です（上図参照）。

会社というのはカネを使い、カネを増やし、増やしたカネもビジネスに使っていくものであり、カネをためていく所ではありません。したがって長い目で見ればネットキャッシュフローはゼロになっていくはずです。

営業キャッシュフロー　－　投資額　＋　財務キャッシュフロー　＝０

これがキャッシュフローの基本式です。
この式は投資額から見ると次のようになります。

投資額　＝　営業キャッシュフロー　＋　財務キャッシュフロー

これは会社の設備投資は、「自分で稼いだカネ」（営業キャッシュフロー＝内部ファイナンス）で行うことを原則として、不足分は外部ファイナンス（財務キャッシュフロー）に頼るというものです。つまり不足分は借入金か増資かということです。

一方投資額の中心となる営業キャッシュフローは当期純利益と減価償却費からなります。つまり投資を自前のカネでやると考えれば、「投資によってもうかったカネ」（当期純利益）と「投資の自己回収分」（減価償却）でまかなうということになります。キャッシュフローのレバレッジ効果です。

営業キャッシュフローから見ると次のようになります。

営業キャッシュフロー ＝ 投資額 － 財務キャッシュフロー

これは「ビジネスで稼いだカネ」はビジネスに必要な設備へ投資して、「余ったら借金を返す」ということを意味します。先ほどの式が投資をどんどんして「伸びていく会社」の姿なら、こちらの式は「事業が安定して無借金経営へ」という安定企業の姿です。

DCFとは何か

投資とキャッシュフローの関係はまだ続きます。今度は「設備投資をするかしないか」「するとしたらどんな投資をするか」という投資の意思決定に関することがテーマです。

A機械（投資額2000万円）、B機械（3000万円）の2つの機械のどちらかを購入しようと思っています。A、B機械ともに5年間使用し、この5年間に生む営業キャッシュフロー（当期純利益＋減価償却費）はA機械が毎年600万円、B機械が800万円とします。さああなたならどちらに投資しますか？

設備投資では投資対効果が第一です。投資はA、Bそれぞれ2000万円、3000万円です。効果は営業キャッシュフローでそれぞれ毎年600万円、800万円ですが、単純に5倍するわけにはいきません。それは「カネが時とともにその価値が変わっていく」からです。この時間を考慮したものをディスカウントキャッシュフロー（略してDCF）といいます。

あなたが『今日の100万円』と『1年後の100万円』のどちらか好きな方を取れ」と言われたら、当然のこととして「今日の100万円」を取るでしょう。だからあなたにとって「今日の100万円」の方が「1年後の100万円」より価値が高いといえます。

「今日の100万円」と「1年後の200万円」の比較なら、今度は「1年後の200万円」でしょう。では1年後の180万円なら、160万円なら……とやっていくと、どんな人でも「どちらも同じ」というラインがあると思います（人によってその数字は違いますが）。

もし仮に「あなたにとって今日の100万円と1年後の105万円が同じ価値」なら、「1年後の105万円は今日の価値（現在価値という）にしてみれば100万円」となります。

そのうえで「1年後の210万円」（105万円の2倍）はあなたにとって「今日の200万円」（100万円の2倍）と考えます。つまり現在価値を考える時の比率は一定と考え

$$\frac{600万円}{1.05}+\frac{600万円}{(1.05)^2}+\frac{600万円}{(1.05)^3}+\frac{600万円}{(1.05)^4}+\frac{600万円}{(1.05)^5}=2598万円$$

ます（人によって比率は違いますが）。この比率のことを割引率（ディスカウントレート）といいます。

「１年後の１０５万円＝現在の１００万円」では、１０５万円÷１００万円＝１・05と計算し、この０・05（５％）を割引率といいます。２年後の１０５万円の価値は、１年後からさらに５％割り引き、105万円÷$(1.05)^2$≒95万円と考えます。つまり年あたりの割引率は一定と考えます。

将来のキャッシュフローを、こうした考えで割り引いていくものがＤＣＦです。

投資するかどうかを科学的に決める

先ほどのＡ機械の営業キャッシュフローについて、この５％の割引率で現在価値を計算してみると上の式のようになります。

ここでＡ機械は２０００万円の投資額（これは今日投資するので現在価値です）というカネが出ていきます。したがってＡ機械のフリーキャッシュフローは次頁の式のようになります。

2598万円 − 2000万円 = 598万円

営業キャッシュフロー − 投資額 = フリーキャッシュフロー

このフリーキャッシュフローをNPV（Net Present Value：正味現在価値）といい、A機械は5年間で現在価値ベースで598万円カネを増やすことになります。

一方B機械のNPVは463万円となり、DCFで考えればA機械に投資すべきといえます。

先の例のように複数の案が挙がらず、投資案がA機械1つしかなく、投資するかどうか悩んでいる時はどう考えたらよいでしょうか。

NPVが割引率によって変わることはわかると思います。割引率を5%より大きくするとA機械のNPVは598万円より小さくなり、さらに割引率をどんどん大きくしていくとNPVがゼロになる割引率があることがわかると思います。この割引率のことを内部利益率といいます。A機械で実際に計算してみると（エクセルでできます）15%となりました。

ここで営業キャッシュフローが大きくなると内部利益率は高くなります。そこで投資する時の最低の内部利益率（これをハードルレートといいます）を決めておき、その投資案の内部利益率がハードルレートより大きい時は実施、小さい時はやめると意思決定する方法もあります。これを内部利益率法といいます。

一般に割引率やハードルレートには資本コストを用いることが多いといえます。資本コストとは、その投資を実施するためのカネ（資本）を集めるのにかかる「年あたりのコスト」です。借入金なら利率です。集めたカネの利率が５％でこれをハードルレートに使うなら、Ａ機械の投資はＧＯです。

投資とリターンのバランス

財務分析という言葉を聞いたことがあるでしょうか。大昔からある言葉ですが、例によってかなりファジーに使われています。そして分析なのに××率という式だけが決まっていて、そこに数字を入れて計算し、大小比較するだけです。まさに算数です。科学的カネ理解法で財務分析をとらえてみましょう。

財務分析をその言葉どおり財務（ファイナンス）に関する分析と考えます。ファイナンスとはカネ（資金⇒資本）を調達し、資産へ投資し、リターンとしてのカネを得るものです。

だから財務分析は「投資とリターンのバランスを見るもの」と定義できます。これには2つの視点があります。

1つが収益性分析とよばれるものです。投資に見合ったリターンがあるかを見るもので、投資とリターンの比を見ます。この比をROIといいます。Return On Investmentの略です。これはR（リターン）がI（投資）の上に(on)載っているという意味でR/I、つまりR÷Iです。

もう1つが主にカネを貸した金融機関からの見方で、「投資のために貸したカネ」がリターンによって返ってくるかどうかを分析するものです。これは安全性分析または流動性分析とよばれます。安全性は「つぶれない度」であり、そのポイントは資産によって生まれるカネ（リターン）のスピードにあるといえます。つまり流動性です。そのため安全性と流動性はほとんど同じ意味で使われます。

いろいろなROI

収益性分析から考えてみましょう。これは投資をどこから見るかで、そのやり方が異なります。大きくは投資家、株主、そして会社の3主体です。投資家は「その会社に投資するかどうか」、つまり「株を買うかどうか」を考えている人です。この投資の最大のリターンは株価です。現代の株式投資理論において、株価は企業価値という考え方が主流となっています。これは後の項で解説します。

2つ目は株主で、従来はROIの一種であるROE（Return On Equity）という指標を使ってきました。ROEは株主資本利益率とよばれるもので、分母（投資）は株主資本（エクイティのE）、分子（リターンのR）は当期純利益です。つまりROIは株主資本（＝純資産）を1年間でどれくらい増やしたか（当期純利益だけ株主資本が増える）という比率です。しかしこれは過去の結果です。投資においては過去の結果を反省しても仕方ありません。「未来を考える」、つまり「このままこの会社の株主でいるべきか」を考えることが必要です。そうなると投資家という未来の株主と見方は同じです。上場企業は無論のこと、非上場企業においても企業価値というものが着目されています。

3つ目は会社自身です。従来は会社から見たROIには、総資本経常利益率というものを使っていました。分母が総資本（会社が集めたカネの総額）、分子が経常利益（当期の経営者の成績）というものです。「集めてきたカネに応じた利益が上がっているか」という経営の効率を見るものです。

しかしよく考えると、集めてしまったカネの効率なんて今さら考えても仕方がありません。

そこで少し見方を変えて、分母を総資産（資産の総額≒総資本）ととらえて、総資産利益率（Return On Assets：ＲＯＡ）にした方がよいという意見が大勢を占めました。分子にはいろいろな利益が使われますが、当期純利益あたりが一般的です。つまり会社として投資した資産から、最終利益というリターンがどれくらい上がっているかというものです。

そのうえでＲＯＡを左の式のように2つに分解して考えます。

この2つの比率をもともとの目的である「投資とリターンの比」という目で見れば、総資産回転率の方がしっくりきます。

見方を変えれば、ＲＯＡでは投資した総資産に対するリターンを利益で考え、総資産回転率はこれを売上で考えています。総資産に対するリターンとしては利益よりも売上の方が直感的なので、ＲＯＡよりも総資産回転率の方が収益性分析にはしっくり来るようです。

このように売上をリターンとするＲＯＩ（売上が分子）を一般的に回転率といいます。

$$\mathrm{ROA} = \frac{\text{利益}}{\text{総資産}} = \frac{\text{売上}}{\text{総資産}} \times \frac{\text{利益}}{\text{売上}}$$

売上／総資産 → 総資産回転率　　利益／売上 → 売上高利益率

40ページで述べたようにカネが資産となり、資産が売上というカネを生み、これが再度資産に……というカネの回転です。

ただ総資産回転率では投資の見方が荒っぽいので、固定資産回転率（売上／固定資産）、さらには固定資産の各設備ごとに回転率を見ていくことが普通です（でした）。

しかし投資のリターンを売上、利益と考えるのはファイナンス（財務）から考えてあまり適切ではありません。科学的カネ理解法を身につけたあなたならもう気づいたでしょう。そうです。リターンは資産から生まれる営業キャッシュフローと考えるべきです。分母も総資産ではなく、固定資産、中でも営業キャッシュフローを生む減価償却資産（設備）とすべきです。

つまりＲＯＩの分子を営業キャッシュフローで考えるということです。固定資産対営業キャッシュフロー比率ともいうべきものです。「固定資産が今期どれくらいのカネを生んだか」という見方です。

流動比率は使えない

さあ次は安全性分析です。安全性分析は人間の「健康診断」のようなもので、その企業が倒産（人間でいう死）からどれ位遠いかを見るものです。これは大きく2つに分かれます。短期安全性と長期安全性です。

短期安全性とは人間の健康診断で行うガン検診のようなものです。企業が短期的に倒産してしまわないか（すぐ死なないか）を見るもので、流動比率がその代表です（次頁左の式参照）。これが高いほど短期安全性は高いと考えるものです。

倒産は「流動負債という明日払うカネがない」状態をいいます。この流動負債を「すぐカネにする、すぐカネになる財産」（流動資産）を「カネにして」払おうというものです。このため短期流動性という表現がよくとられます。

しかし倒産の典型的なパターンに、在庫過多（商品を買ったが売れていないものがたくさんある。カネが入ってこないのに払うことになる）があります。在庫は流動資産なので、これが多いと流動比率は高くなります（買掛金という流動負債も高くなるので、正確にいうと「在庫が過多」の状態では「流動比率は低くなりません」）。だから流動比率によってつぶれな

$$流動比率＝\frac{流動資産}{流動負債}$$

$$当座比率＝\frac{当座資産}{流動負債}$$

い度を判断するのは危険です。

そこで流動資産から棚卸資産を除いた当座資産と流動負債の比で見ようというのが当座比率です（上部右の式参照）。

しかし倒産のもう1つの典型的パターンはツケである売上債権（売掛金、受取手形）が増大した時です。飲み屋さんなどでツケが多いとその飲み屋さんがどうなるかはわかると思います。当座資産にはこの売掛金、受取手形が含まれており、当座比率が高まるとかえって危険かもしれません。そこで流動負債と現金・預金の比（現預金比率）を見ようとするのですが、現金があるのになぜ返さないのか不思議です。

この短期安全性は取引先や金融機関などの〝カネの貸し手〟が見るものです。よく考えてみると、貸してしまった後の会社の短期的な安全性を見ても仕方ありません。貸している方からすれば返せなくなった状態を発見したって今さら手遅れです。借りている会社も借りてしまってから考えても仕方ありません。そうです。「貸す前」に考えなくてはならないはずです。したがって短期安全性は118ページで述べた与信と同じことになります。

借金は、今はカネはないが、カネを得ることで、カネを増やすことができるヒトがするものです。もうわかると思います。与信は「カネを貸すことで、いくらカネを増やせそうか」、つまりフリーキャッシュフローを考えることです。この将来のフリーキャッシュフローで借金という財務キャッシュフローを返すと考えるべきです。

買ってから考えても……

次は長期安全性です。これは健康診断のコレステロール値や血圧のようなものです。企業の構造的問題（人で言えば生活習慣病のようなもの）を見つけ、その企業体質（運動不足など）を長期的に治していこうというものです。次の2つに分けられます。

1つは固定資産（なかなかカネにならない）の買い方に関するもので、固定比率がその代表です（次頁の式参照）。

カネにするのではなく、使うための固定資産は、自己資本（返さなくてよいカネ）で買おうというものです。ただそんなことは無理という場合は、固定長期適合率を長期安全性の指標として使い、せめて短期的な借金（流動負債）で固定資産を買うのをやめて欲しい

$$固定比率=\frac{固定資産}{自己資本}$$

$$固定長期適合率=\frac{固定資産}{自己資本+固定負債}$$

$$=\frac{固定資産}{総資本-流動負債}$$

$$自己資本比率=\frac{自己資本}{総資本}$$

と考えます（式参照）。

もう1つが資本バランスです。身長と体重の比を見るようなもので、ファイナンスのバランス（肥満度）を見ようとするものです。自己資本比率が代表です（式参照）。

家を買う時のローンと自己資金の比のようなものです。

しかし事業に使う資産を買ってしまってから、こういった数値を見てもあまり意味がないかもしれません。

「返せ」とは言わないはず

短期安全性が資金ショートによる倒産のリスクを考えているなら、長期安全性は長い目で見た時の「カネの返し方」を見るべきです。長期安全性の見方は近年になって〝全く〟といってよいほど変わってきました。それは企業にとってカネを返す相手の中心である銀行の考え方が変わったことが大きな原因です。ファイナンスの章で述べた借金についての科学的カネ理解法を復習しましょう。

銀行からの借入金の多くは抵当などの担保を入れます。会社が返せなくても銀行は担保で回収しますので、借金は基本的にずっと借り続けて欲しいものといえます。銀行はカネを貸して利子を取るのが商売で、全部返してもらったら商売になりません。

会社もずっと借りているつもりですので、突然「返してほしい」と言われたら、多くの会社は倒産してしまいます。しかし倒産しても銀行には何の幸せもありません。「土地などの抵当が売れないかもしれない」というリスクだけでなく、企業の倒産と聞いて預金者が不安になり、「その企業にカネを貸していて取りはぐれた銀行」から一斉に預金をおろしてしまうかもしれません。こうなったら銀行は終わりです（預金をすべて銀行が手元に置いているわけはありません。もちろんこれを貸しています）。

そのため会社ごとにメインバンクとよばれる銀行がつき、他の債権者が「返してくれ」と言ったら原則としてそのカネを会社に貸してくれます。

逆にいえばメインバンクが「返してくれ。倒産してでも結着つけよう」と言えば企業は倒産します。つまりメインバンクのこの一言が長期安全性の最大のポイントとなります。

●不良債権処理ドラマ

こういったメインバンクと会社の関係は外部（特に外国）から見ると、アンフェアなようにも感じます。特に株価を競う証券市場に上場している会社を、銀行が過度にバックアップするのは、マネーゲームをするうえでアンフェアだという意見が外国人投資家から出てきました。しかもこれは日本企業の成長が止まったバブル崩壊後であり、多くの会社がキャッシュフローが減り大ピンチに陥った時期でした。

彼らの意見は「実質的には倒産している会社を銀行が支えているのではないか」、「つぶれるものがつぶれず、銀行が『目に見えない手』を使って特定の会社を助けると証券市場の株取引が適正ではなくなる」、さらには「銀行自身も本当は返せなくなった会社からも返してもらうことにして、良い業績にしているのでは。つぶれる会社はつぶして、銀行もこれによって損をして本来の業績を見せろ」という意見です。これから株を買う外国人投資家にとって、銀行や一般会社の業績が一旦落ちて株価が下がれば、安く株が手に入りま

＋	費用（貸倒引当金繰入れ）	1000億円

↓
左

−	資産（貸付金）	1000億円

↓
右

す。そしてその後企業努力で業績を上げた時、株を売ればもうかることになります。

外国からの圧迫を受け、政府は実質的に自らのコントロール下にある銀行に対して、大口顧客については返済計画を作り、実態を見せるように指示しました。いわゆる不良債権処理というもので、この返済計画に基本的にはＤＣＦの考え方を使うこととしました。

ざっくりいえば、次のような〝感じ〟です。「期間を定め（例えば5年）、借入をしている会社がその期間内に生むであろうフリーキャッシュフローで返済する。その際、貸付率などを割引率として、フリーキャッシュフローをＤＣＦとして計算する」というものです。

このＤＣＦで返済できない分（例えば借入金が3000億円で5年間のＤＣＦが２０００億円なら「１０００億円」）は、銀行が貸倒引当金として計上し、費用を発生させるというものです。この１０００億円を不良債権（もう返ってこない債権）といいます。この仕訳は上図のようなものです。

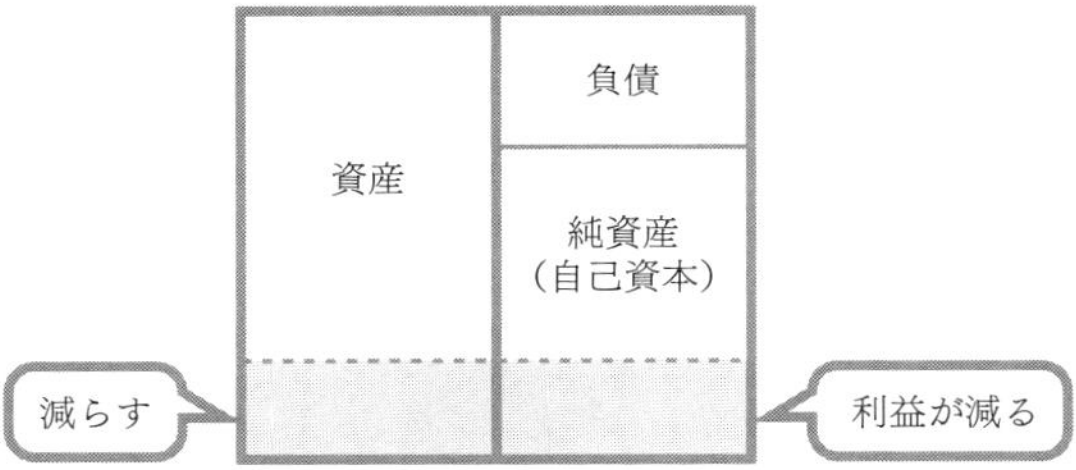

こうなるとP／Lでは「収益－費用＝利益」と計算していますので、そう考えただけ（状況は何も変わらず、相変わらずカネを貸し続けている。「返ってこない」と思うだけ）で、というよりも〝おかみ〟にそう考えさせられただけで、費用が1000億円計上され、銀行の利益は1000億円減ってしまいます。何度もいってきましたが、利益は計算値だということがつくづくわかると思います。ルールが変われば（「不良債権処理をやりなさい」）利益は変わります。

この時銀行のトップの人たちがテレビに出てこんなことを言っていました。「ひどい。昨日までサッカーだと思ってゲームをやっていたら、今日から突然アメリカンフットボールにルールを変えると言われたようなものだ」。科学的カネ理解法を身につけたあなたにはもうこの意味がわかると思います。

これをB／Sで見ると、貸付金という資産が減り（減らされ）、利益（剰余金）が圧縮され、純資産（自己資本）が減ります（前頁の図参照）。

銀行はＢＩＳ[*1]という国際機関の規制で、自己資本比率（自己資本／総資本）が８％を切ると、国際的にはビジネスができなくなります。この不良債権処理で、国際的ビジネスをやっている大銀行が自己資本比率が下がって８％を切るだけでなく、数ある一般の銀行の中には何と債務超過となるところも出てきそうな勢いでした。

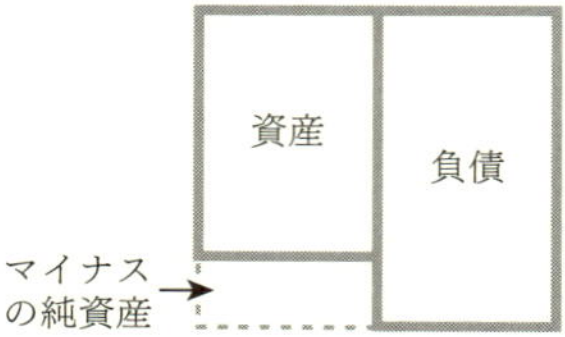

債務超過とは資産より負債が大きくなって純資産がマイナスとなることです（右上図参照）。銀行においては「貸付金（資産）＜預金（負債）」の状態になることが、「預金を全額は返せない」という状態を意味します。これでは取り付け騒ぎ[*2]が起きてしまうかもしれません。これが金融不安とよばれる状態です。
しかも政府はこれまで「銀行はつぶさない」として、預金は全額政府が保証人になるとしていましたが、ペイオフ解禁と称して「１０００万円までの預金しか保障されないことにしよう」と言い出しました。まさに火に油を注ぐようなものです。
こんな不良債権処理をするくらいなら、銀行も融資先の会社に対して「返せ」といった方が手っ取り早いので、決着をつける現象も見られました。１３３ページで述べた「貸しはがし」です。こうしてバブルの決着をつけるという形で、多くの借金をしている企業が倒産していきました。

政府は「このまま放っておくとパニックになる」、しかし「外国との関係でこのルールは変えられない」という板ばさみの中で、別の手を使って銀行を守ることにします。それは国が銀行にカネを出資して株主となることです。つまり銀行の資本金を〝国のカネ〟で膨らましてしまうということです。これが98ページで述べた公的資本注入です。こうすれば資産(現金)、純資産(資本金＋利益)は膨らみ、債務超過のリスクが消え、自己資本比率が向上します。中には国が筆頭株主になる銀行も生まれ、国営銀行などといわれました。

＊1．Bank for International Settlements：国際決済銀行。
＊2．預金者が銀行にカネをおろしに殺到する。

税金は減らさない

このドラマはまだ終わりません。

次は税務会計です。税務当局から見ると、銀行のやった不良債権処理による貸倒引当金を認めるわけにはいきません。これでは利益（所得）が大幅に減り、税金収入が大きくダ

財務会計上		税務会計上
税引前当期純利益	500億円 (1500億円－1000億円)	所得1500億円 ↓
(－)税金	600億円 ←	税金600億円
当期純利益	△100億円	

ウンしてしまいます。税務会計上は「貸している相手は倒産していないのだから、この費用を損金として認めない」と決めました（きびしーぃ！）。したがって先ほどの銀行なら財務会計上の利益が１０００億円減るのに、税金は１円も減りません。もうけ（利益）を増やしたい財務会計では減らされ、もうけ（所得）を減らしたい税務会計では減らしてくれないという、まさにダブルパンチであり、「泣きっ面に蜂」とはこのことです。

例えばこの銀行が貸倒引当金を計上していない段階で、税引前当期純利益（＝所得と考える）が１５００億円とします。ここで１０００億円の貸倒引当金を計上すると、税引前当期純利益は５００億円となります。一方所得は損金が増えないので、１５００億円のままで、税金は６００億円（税率を40％として計算）となります。したがって当期純利益（当期純損失）はマイナス１００億円となります（上図参照）。

なんと税金を払う前は黒字なのに、税金で赤字となってしまい

＋	繰延税金資産（資産）	400億円

－	法人税等調整額（費用）	400億円

↓左　↓　↓右

税引前当期純利益	500億円
税金費用	600億円
調整額	△400億円
	200億円
当期純利益	300億円

ます。そこで政府は財務会計上でもう１つの手を打ちます。それが何ともはや一般人にはわかりづらい「税効果会計」という不思議なルールです。

これは「先ほどの税金６００億円のうち、もう返ってこないと考えた１０００億円に対する税金４００億円（１０００億円の税率40％）は財務会計では払いすぎと考え、この分が後から（その貸している企業が本当につぶれた時＝税務署が損金として認める時）税金が返ってくる」と考えるものです。貸していた企業が倒産すればその時に１０００億円は全額損金になるので、所得が１０００億円減り、４００億円分税金が減るというものです。

そこでこの４００億円を税務署に貸している資産と考えます。これを繰延税金資産といいます。具体的には上図のような仕訳をして、Ｐ／Ｌに利益を出させます（この本を読んでいるあなたが納得できないなら、それは著者の私の責任ではなく、おかみのせいです)。

しかしここからが複式簿記のコントロール力です。P/Lはこの期に作った当期純利益300億円で終わりですが、B/Sにこの繰延税金資産が傷跡として残ってしまいます(上図参照)。そしていつの間にかこれが純資産をとびこえてしまいそうな(つまりこれがないと債務超過)ところも現れてきました。

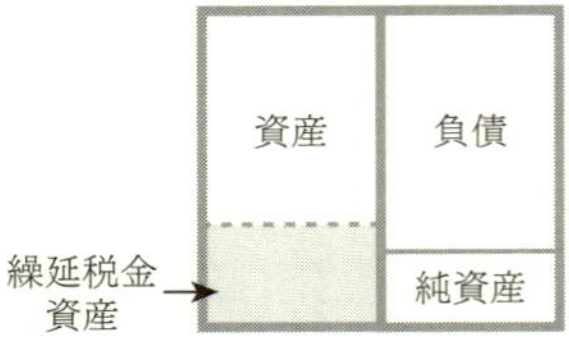

繰延税金資産という税務署に貸しているカネが、全額返ってくるためには1つの前提があります。それはカネを借りている企業が倒産した期に、カネを貸している企業(先ほどの例では銀行)がその貸倒金(1000億円)を超える所得が出ていることです。そうでないと税金が返ってきません。そもそも所得がない企業の税金(法人税)はゼロで、赤字分の税金が戻ってくるわけではありません。

大手銀行は上場会社ですので、その決算は公認会計士がチェックします。そして保守主義の原則の「利益は少なめに」が適用されます。仮に「将来そんなに利益が出ないと思う。だから繰延税金資産を認めない」といわれると資産が減り、利益が減り、自己資本比率が下がり、それどころか債務超過に……という恐れが出てきました。そのためにまた公的資本注入、そして合併や経営統合（成績の良い銀行で成績の悪い銀行の成績を薄めてしまう）が起こるといった現象を生んでいきます。

税効果会計にメリットがないなら（認めてくれない）、税金の支払いを一発で減らす意味でも、いっそ「返せ」といって結着（倒産）をつけた方がよいと思う銀行さえも現れました。

こうして銀行は120〜123ページで述べたバブル崩壊直後の土地抵当価値の低下、その後の不良債権処理と苦難の時代が続くこととなりました。

空前のカネ余り

このドラマはまだまだ終わりません。不良債権処理は2003年をピークに進められました。

こうした中で大手都市銀行は合併、経営統合し、3大メガバンク時代を迎えます。これらメガバンク（巨大銀行）をはじめとした銀行は、不良債権処理に伴う特別損失による純資産の減少を、兆円単位の増資で補っていきます。

これによって（かどうかわかりませんが）景気は回復し、多くの大企業は息を吹き返します。そして銀行が不良債権処理によって貸倒引当金として計上したカネが、「戻し益」として一気にもたらされました。

例えばX銀行がAゼネコンに1000億円の貸付があるとします。〝おかみ〟からいわれAゼネコンの今後5年間のフリーキャッシュフローを計算し、貸付利率を割引率としてDCFを計算したら、返済できるカネは400億円となりました。したがって600億円は不良債権として貸倒引当金に計上し、特別損失を600億円出しました。

しかしAゼネコンはつぶれてしまったわけでなく、相変わらず1000億円をX銀行に借りたまま、毎年利子を払い、ビジネスを続けています。ここで景気が良くなり、マンションも売れるようになり、営業キャッシュフローが上昇してきました。X銀行が再度Aゼネコンのフリーキャッシュフローを5年分予測すると1000億円となり、全額返ってくるという計算となりました。こうなると貸倒引当金として計上した600億円は不要です。そこでこれを消すと貸倒引当金の処理とちょうど逆となり、600億円の特別利益が生まれます。

X銀行はずっとAゼネコンにカネを貸し続けていたのに、会計ルールによって600億円の損失、600億円の利益が計算されていきます。まさに利益はルールで決まるということがわかると思います。

一方で日本銀行はゼロ金利政策[*1]を取り、銀行から一般企業へのカネの流れを促進させます。

しかしバブルを経験した大企業は、土地などの担保による銀行からの借入を避け、エクイティファイナンス、社債などの直接ファイナンスに走り、銀行のカネを必要としなくなっていきます。銀行は一時ペイオフの実施で預金の流出を恐れていましたが、これが一段落すると今度は空前のカネ余り現象となります。貸すあてのないカネが銀行の中であふれている状態です。銀行にとっては利子を払う相手である預金者がいて、利子をもらう相手である貸付先がいなくなっては最悪の状態です。カネの需要が減っていく中で、利率は預金・貸出ともにどんどん下がり（下げ）、ますます銀行の首は締まっていきます。

こうして預金・貸出というビジネスは最悪の状態となり、銀行は一時は見向きもしなかった住宅ローンなどの個人向けビジネス、投資信託などの金融商品を売る代理店ビジネス、債券を買って金利をもらうという預金のようなビジネスが中心となっていきます。そして最大の借金元である国の借入、つまり国債を支えるのが銀行となってしまいます。

＊1．銀行などへの貸出金利をほとんどゼロに近い状態にした。

ネバーエンディングストーリー

まだまだドラマは続きます。今度は123～125ページで述べたように、アメリカで日本の土地バブルと同様の住宅バブルでサブプライムローン問題が起こります。しかもこのサブプライムローンを貸出していたアメリカの金融機関が、これを証券化していました。証券化とは、まあ簡単にいえば3000万円の住宅ローンという債権を3000分の1に小さく分けて、1口1万円にしてこれを有価証券として売るというものです。買った人は「1万円を返してもらい、利子をもらう権利」を持ち、この権利を売ることもできます。このローンが不良債権となれば3000人に被害が広がります。

この証券を日本の銀行も買っており、これが不良債権化して大騒ぎとなります。もちろん日本よりアメリカの金融機関が受けるダメージの方が大きく、アメリカ政府はバブル崩壊後の日本がやった銀行への資本注入、ゼロ金利政策など同様のことをやっていきます。

まさに「歴史は繰り返す」です。

科学的カネ理解法で賢くなったあなたは、まだまだ続くこのドラマを楽しむことができます。

●企業価値とは何か

投資の最終テーマは株価と企業価値です。

株は〝せり〟という仕組を使ったマネーゲームです。ある会社の株を「1000円で売りたい」という人と「1000円で買いたい」という人がいると取引成立です。

売りたい人は1円でも高く売り、買いたい人は1円でも安く買うことを考えます。もっといえば「相手がいくらなら買うかを考えて売る」、「相手がいくらなら買うかを考えて売る」というゲームです。だから皆が「株価が下がる」と思うと、少しくらい安くても今のうちだと思って売る人が増え、買う人が減り、株価はどんどん下がります。皆が「株価が上がる」と思うと逆です。まさに心理ゲームです。まわりの人が「上がる」と思っているか、「下がる」と思っているかを考えなければなりません。

しかしこのような心理ゲームの結果は社会に大きな影響を与えます。バブル崩壊、サブプライムローン、リーマンショックで実感できると思います。また上場会社は何とか自社の株価が上がるように考え、これが1つの経営目標のようになっています。しかし他人が

「どう思うか」という漠然としたテーマでは手の打ちようがありません。

これを会社の立場からじっくり考えてみましょう。少し前まで上場会社は「利益を上げれば株価が上がる」と思い込んでいたのですが、よく考えてみれば利益は昨日の結果であり、昨日の結果で決まるのは配当です。配当は株を持っている株主に払うもので、これから株を買う投資家には関係ありません。投資家は「昨日の結果ではなく明日を知りたいはず」だとやっと気づきました。

一方投資家から見てみましょう。「どういう会社の株が上がるか」の答えが「皆が上がりそうだと思う株」というのでは、あまりにも難しいギャンブルです。こんなギャンブルができるのは株価を毎日毎日見つめてグラフにする（ろうそくのような不思議なチャート図を見てゲームを考える）時間のあるプロのギャンブラーだけです。素人の一般投資家がプロ相手にギャンブルをやる気は起きません。

多くの上場会社ではこのような心理ゲームを行うプロのギャンブラーではなく、自分の目で見てその会社の将来を信じてくれる人（「きっとその会社の株が上がる」と思っている人）に株を買ってもらいたいところです。この人たちはその株が上がるまで、上がると信じて売らないで持っていてくれるはずです。そして売る人は減り、長い目で見ればゆっくりと株価は上がっていくはずです。

長い目で見る投資家と会社には「株価はこうやって決まる」という暗黙の了解が求められます。この了解として近年注目されているのがM&Aの世界で生まれた「企業価値」というものです。その会社の価値を金額で表すといくらかになるかというもので、要するに会社の値段です。この会社の値段は自ら判断するものであり、売買の相手の気持を考えるものではありません。「企業価値が将来高くなっていく会社」の株が上がるということを、証券市場のコンセンサスとしようとするものです。

株価を計算しよう

企業価値には「現在の価値」と「未来の価値」があります。「今いくらか」と「これからいくらになっていくか」です。

「現在の価値」は今会社が事業をやめて解散して清算すれば、いくらのカネが残るかというもので、167ページで述べた解散価値です。

しかし投資家は会社の未来を考えて株を買うので（買う時ではなく「売る時の値段」を考える）、当然「未来の値段」が本線です。「未来の値段」という企業価値は「将来その会社が生んでいくカネの量」、つまり将来のキャッシュフローをもって考えるのが一般的です。しかし会社が将来にわたって永遠に増やしていくカネを積み上げれば、企業価値は無限大になってしまいます。

そこで次のようなステップで企業価値を予測します。

・**対象期間を決める**……「何年分のキャッシュフロー」を考慮するかというもので、株価であればその会社の株を何年くらい持つかということになります。5年が一般的です。

・**フリーキャッシュフロー**……対象期間にその会社が生むフリーキャッシュフローを予測します。投資家はディスクローズされているP／L、B／S、キャッシュフロー計算書などを使って「フリーキャッシュフロー＝純利益＋減価償却費－投資額」でざっと予測します。

・**5年後の解散価値**……5年後のB／Sを予測して、5年後の解散価値を考えます。つまり5年後にこの会社を解散・清算してカネに換えると考えます。これが株主のものとなるので、そのカネを5年目のキャッシュフロー（投資キャッシュフロー）に足し上げます。

・**割引率**……この5年間のキャッシュフローは将来のカネなので割引きます。割引率には期待収益率やWACC[*1]が使われます。期待収益率とは「投資家として1年間でどれくらい

$$V=\frac{F_1}{(1+r)}+\frac{F_2}{(1+r)^2}+\frac{F_3}{(1+r)^3}+\frac{F_4}{(1+r)^4}+\frac{F_5+I_5}{(1+r)^5}$$

V＝企業価値　　r＝割引率

F_1〜F_5：５年間のフリーキャッシュフロー、I_5：５年後の解散価値

カネを増やして欲しいか」というもので、「1年で自分のカネを5%は増やして欲しい」と思えば5%が期待収益率です。

WACCとはその会社が集めた資本（負債、自己資本）にかかる年あたりのコスト（借入金なら利子、資本金なら配当）をその資本額に応じて加重平均[*2]するものです。これはざっと計算します。例えば借入金と自己資本の比率がざっと1：2で、平均利率が5%くらい、自己資本と配当の比が10%くらいなら、加重平均としてWACCを8%とするくらいの感じで十分です。

期待収益率は投資家が、WACCは会社が考える時によく使われます。

・**企業価値**……このDCFを積み上げたものが企業価値と考えます（上図参照）。

・**株価**……「証券市場で売買される株は、企業価値を細かく切ってやりとりをしている」と考えます。そこで企業価値を発行済株式総数で割ったものを「本来あるべき株価」と考えます。これをよく理

論株価といいます。

各投資家が自ら理論株価を算出し、その理論株価よりも証券市場の実際の株価が高ければ〝売り〟、低ければ〝買い〟という行動を取ると考えるものです。

例えばある投資家が計算してA社の企業価値が1000億円で、A社が1億株出していれば、理論株価は1000円（1000億円÷1億株）となります。A社の株価が今800円なら「買い」です。

相手の心理ではなく、その会社のキャッシュフローと財産によって株価が決まると考えれば、投資家にとっては結構「奥の深いゲーム」となります。これが科学的カネ理解法から見た株価です。

一方会社から見て、「株価を上げる＝企業価値を上げる」と考えれば、次の3つのことがテーマとなります。

- **フリーキャッシュフローを上げる**……利益を上げることと、適正な投資額による適正な減価償却費を生むことです。
- **5年後の純資産価値を上げる**……価値のある財産に投資することです。
- **割引率を下げる**……期待収益率を考えても仕方ないので、WACCを下げる、つまり低コストのファイナンスを目指すことです。

そのうえで上場会社は、投資家が理論株価を計算しやすいようにディスクローズする努力をすべきです。これが71ページのＩＲです。そのためには有価証券報告書にＢ／Ｓ、Ｐ／Ｌ、キャッシュフロー計算書という過去の業績だけでなく、投資家がせめて５年先くらいがわかる長期経営計画をのせることです。この計画で経営者が「どの程度企業価値を上げることを投資家に約束するのか」をはっきりと示し、かつその内訳（キャッシュフロー、純資産）や根拠（キャッシュフローを増やすための具体的な施策など）を掲げていくべきです。割引率であるＷＡＣＣについては株主へ配当を増やせば上がり、企業価値は下がっていきます。この配当と企業価値に関する考え方も、きちんと経営者が長期経営計画で述べることが必要です。

長期的投資家から見れば、このＩＲのしっかりした会社の株の中から自分の考えた理論株価が高いものを買えばよいことになります。

こうして証券市場のマネーゲームも経営者、投資家にとってハッピーなものへと変わっていきます。

＊1．Weighted Average Cost of Capital：加重平均資本コスト。

＊2．単純に平均するのではなく重みをつけて平均すること。本文の例では平均利率が5％、自己資本対配当率が10％で単純平均すると7・5％になってしまう。しかし自己資本の方が2倍あるので（5％×1＋10％×2）÷3＝8％とする。

企業価値が「会社のカネ」の結論

この企業価値は上場会社のみならず、非上場会社の経営目標としても採用することができます。利益をも包含した企業価値を経営目標に使い、209〜211ページで述べたようにこの利益に給与を比例させれば、ステークホルダーの目標が一致するはずです。

また企業価値は243〜247ページで述べた投資の意思決定にも使うことができます。設備投資をすることで企業価値にどのような影響を与えるか、つまり「した場合」と「しない場合」のどちらの企業価値が上がるかを考えるというものです。さらには企業価値はファイナンスの方法、M＆Aなどにも使うことができます。借金すると、増資すると、合併すると、買収すると……、企業価値はどう変化するかを考え、その意思決定を行うというものです。

そうです。企業価値が「会社のカネを科学する」の最終結論であり、科学的カネ理解法のエンディングです。

これを身につけたあなたはもう「カネに強い科学的ビジネスマン」です。

内山　力（うちやま・つとむ）
1955年東京都生まれ。79年東京工業大学理学部情報科学科卒業、日本ビジネスコンサルタント（現日立情報システムズ）入社。その後退職してビジネスコンサルタントとして独立。現在、株式会社MCシステム研究所代表取締役。中小企業診断士、システム監査技術者、特種情報処理技術者。
著書に、『「人事マネジメント」の基本』（ＰＨＰビジネス新書）、『微分・積分を知らずに経営を語るな』（PHP新書）、『ビジュアル　マネジャーが知っておきたい経営の常識』『ビジュアル　IT活用の基本』（以上、日経文庫）、『「数学」を使えるビジネスマンはみな幸福である』（KKベストセラーズ・ベスト新書）他多数。
（URL）http://www.mcs-inst.co.jp/

PHP
Science World
013

会社の数字を科学する
すっきりわかる財務・会計・投資

2010年2月3日 第1版第1刷発行

著者　内山 力
発行者　安藤 卓
発行所　株式会社ＰＨＰ研究所
東京本部　〒102-8331 千代田区一番町21
新書出版部　TEL 03-3239-6298（編集）
普及一部　TEL 03-3239-6233（販売）
京都本部　〒601-8411 京都市南区西九条北ノ内町11
PHP INTERFACE http://www.php.co.jp/
組版　朝日メディアインターナショナル株式会社
装幀　寄藤文平　篠塚基伸（文平銀座）
印刷・製本所　図書印刷株式会社
［ジャンル　経済と経営の科学］

落丁・乱丁本の場合は弊社制作管理部（TEL 03-3239-6226）へご連絡下さい。

送料弊社負担にてお取り替えいたします。

 ISBN978-4-569-77632-3

「ＰＨＰサイエンス・ワールド新書」発刊にあたって

「なぜだろう？」「どうしてだろう？」――科学する心は、子どもが持つような素朴な疑問から始まります。それは、ときには発見する喜びであり、ドキドキするような感動であり、やがて自然と他者を慈しむ心へとつながっていくのです。人の持つ類いまれな好奇心の持続こそが、生きる糧となり、社会の本質を見抜く眼となることでしょう。

そうした、内なる「私」の好奇心を、再び取り戻し、大切に育んでいきたい――。ＰＨＰサイエンス・ワールド新書は、『私』から始まる科学の世界へ」をコンセプトに、身近な「なぜ」「なに」を大事にし、魅惑的なサイエンスの知の世界への旅立ちをお手伝いするシリーズです。「文系」「理系」という学問の壁を飛び越え、あくなき好奇心と探究心で、いざ、冒険の船出へ。

二〇〇九年九月　ＰＨＰ研究所